发展中的世界农业

Agriculture in Brazil

巴西农业

总主编：唐 珂

本书主编：张蕙杰 徐宏源 张 昭

中国农业出版社

《发展中的世界农业》
丛书编委会

序

进入21世纪以来，全球农业在粮食安全和可持续发展等方面面临着紧迫的挑战，国际交流合作成为世界各国应对农业发展全球性重大挑战的重要途径和手段。国际农业交流合作的不断加深，推动了世界农业发展的联系日益紧密，农业强国分享全球市场的空间加大、机会更多；发展中农业大国在分享国际先进技术和成功经验的同时，则日益凸现激烈的农产品市场竞争和科技创新不足等问题。党的十八大指出，要统筹国际国内两个大局，树立世界眼光，加强战略思维，充分利用两个市场、两种资源，善于从国际形势发展变化中把握发展机遇、应对风险挑战，营造良好发展环境。2013年年底召开的中央经济工作会议和中央农村工作会议提出“以我为主、立足国内、确保产能、适度进口、科技支撑”的国家粮食安全新战略，具有非常重要的意义。适当增加进口和加快农业“走出去”步伐，是我们以全球视野谋划和推动现代农业发展的题中应有之义。

国际农业科技合作在加快农业科技创新步伐的同时，正引领世界农业格局和发展方式的深刻变革。目前，发达国家把科技创新提升为国家战略，把科技投资作为战略性投资，超前部署与发展包括生物技术在内的战略新技术和农业新兴产业。与此同时，主要发达国家还调整了农业科技国际合作的战略定位，力图在科技创新资源的全球整合和有效配置中赢得先机、占据主动，抢占世界农业科技发展的制高点。

我国是世界上最大的发展中农业大国，农业的根本出路在科技。

长期以来，农业国际科技合作是我国农业科技和外交工作的重要组成部分，在提高我国农业科技水平、促进农业和农村经济可持续发展以及服务国家外交大局等方面发挥着重要作用。随着我国综合国力的不断增强、国际地位的日益提升和农业的对外开放度大幅提高，农业科技国际合作与交流面临越来越复杂的国际环境和形势，受目标国经济发展水平、技术进步程度和农业管理政策等影响更加直接。新形势下加强国际农业科技和农业资源开发合作，加大国际先进农业科学技术引进力度，推动农业“走出去”，对于我国农业发展既充满着崭新的机遇，也面临着严峻的挑战。

我国农业正由传统劳动密集型向资本和技术密集型现代农业加速转变。为进一步发挥引进国际先进农业科学技术计划（“948”计划）在我国农业科技事业发展中的导向作用，增强农业国际交流合作尤其是农业科技合作的主动性、前瞻性和针对性，加快提高我国农业走出去的能力和水平，农业部科技教育司组织相关专家学者编写了《发展中的世界农业》系列丛书。

丛书的编者大部分都有在相应国家长时间学习生活的经历，谙熟该国的农业和农业科技发展情况。丛书特点鲜明、数据翔实、语言生动。相信丛书出版对于农业管理和农业科研有关人员树立世界眼光、开拓国际视野将起到推动作用，对提升我国农业科技引进来和走出去水平、加快我国农业科技发展国际化进程提供重要参考。

唐　珂

2014年12月

前　言

为了更加全面了解世界农业发展格局，广泛借鉴发达农业国家的发展经验，探索中国特色农业现代化发展道路，2013年，农业部科技教育司组织专家着手编写《发展中的世界农业》系列丛书。

近年来，我们实施了农业科技创新引领、美丽乡村建设、新型职业农民培育三大工程，探索施行“体系工作法”，促进农业科教事业持续健康发展。我们继续组织实施引进国际先进农业技术计划（“948”计划），建立了包括农业部重点实验室“学科群”体系、现代农业产业技术体系等各类创新平台，形成了长期跟踪国际农业发展的专家团队，为丛书编写奠定了良好基础。丛书共10册，以美国、俄罗斯、日本、加拿大、法国、荷兰、以色列、巴西、南非和澳大利亚等发达农业国家为代表，重点阐述了农业发展情况、农业科技水平、农业发展道路和模式探寻，系统评估了农业自然资源、农业发展地位、农业市场环境和农业政策制度等，分析提出了发达农业国家发展农业的经验教训、战略举措和路径选择。通过结合我国实际情况进行比较研究，深化对我国农业现代化的认识和启示，为发展我国现代农业提供重要的参考和借鉴。

丛书的编写是一项艰巨而复杂的工作。对于每册图书，我们都要求全体编写人员充分掌握第一手资料，深入交流讨论，依据各项体例、标准和要求，仔细筛选，认真编辑，做到数据准确，观点鲜明，分析科学，论述有力，文从字顺，符合对象国的农业发展实际，反映独到的农业发展经验，体现世界农业发展潮流和趋势。经过全体专家一年多时间的努力，这套《发展中的世界农业》丛书终于问世了。丛书作为同类出版物中为数不多的系统介绍发达农业国家农业发展概况的书籍，可以为读者提供发达国家农业发展的鸟瞰式全面情况，可以为农业战线的广大干部和科技工作者提供学习、了解和研究世界农业及发展经验的宝贵资料，可以帮助农业管理者、农业科研人员、农业相关企业和其他行业部门的有关人员开阔视野，可以开拓我国农业对外开放的国际合作交流新思路，并为我国农业现代化建设提供新的借鉴，也可以为包括广大农业工作者在内的各方面人士做决策、研究、出访等提供有价值的参考和思路启迪。希望丛书能对推动我国现代农业发展、促进农业科技国际交流合作尽微薄之力。

丛书的编写和出版得到了中国农业科学院、东北农业大学等单位和领导的大力支持，郭翔宇、张越杰等专家在成书过程中对丛书编写大纲的拟定以及丛书的资料收集等方面给予了深入细致的指导，在此一并表示感谢。由于涉及大量的数据处理和外文翻译，书中不当之处，请各位专家和读者朋友批评指正。

编　者

2014年12月

目　录

第一章
巴西农业资源概况

巴西位于南美洲东南部，地跨西经35到西经74度，北纬5度到南纬35度。北邻法属圭亚那、苏里南、圭亚那、委内瑞拉和哥伦比亚，西界秘鲁、玻利维亚，南接巴拉圭、阿根廷和乌拉圭，东面濒临大西洋。巴西领土面积851万平方公里（其中陆地面积846万平方公里），约占南美洲总面积的46%，是南美洲面积最大的国家，在世界上仅次于俄罗斯、加拿大、中国和美国，排行第五。2014年巴西总人口2.06亿人，居世界第5位。

近30多年来，巴西农业生产持续快速增长，农畜产品产量节节攀升，巴西已从一个粮食进口国转变为世界重要的农产品生产国和出口国。巴西大豆、牛肉、家禽、糖、咖啡、柑橘、烟叶等农产品产量和出口量均居世界前列，被誉为“21世纪世界粮仓”。巴西农业取得的巨大进步堪称奇迹。资源条件是巴西农业发展的起点和基础，本章将对巴西农业资源条件进行概括性介绍。

第一节　自然资源

巴西的农业资源非常丰富，在耕地、气候、水资源等方面都具有突出的优势，是世界上适于农、林、牧、渔各业全面发展的少数国家之一。

一、耕地资源

巴西全境地形分为亚马逊平原、巴拉圭盆地、巴西高原和圭亚那高原，其中亚马逊平原约300万平方公里，占国土面积的1/3以上，为世界面积最大的平原；巴西高原约占全国面积60%，为世界面积最大的高原。巴西大部分地区地势平坦开阔，海拔高度基本在1 500米以下，海拔200米以下的面积占全国总面积的2/5，比较适合开垦为耕地。巴西可利用的土地资源占领土面积的94.4%，在世界上居于首位。

根据FAO发布的数据，2011年巴西耕地面积为7 227.3万公顷，占其陆地面积的8.6%；林地为4.97亿公顷，占59.5%；草地和牧场1.96亿公顷，占23.5%。根据FAO和世界银行的数据推算，2010年巴西劳动力9 400万人，农业劳动力约为1 466万人，平均每个农业劳动力拥有耕地面积5公顷，虽然比不上阿根廷，但其生产规模与多数发展中国家相比要大得多。

从发展趋势看，巴西仍处在"拓展农业边疆"的发展阶段，耕地面积仍在不断扩大，很多牧场和林地被开垦出来，生产大豆、甘蔗、玉米等国内外市场需求旺盛的作物。1990年到2007年，巴西的耕地面积由5 068万公顷增加到5 950万公顷，是世界上极少数耕地面积显著增长的国家之一。目前巴西仍有大面积的林地和牧地，当市场条件具备时相当大部分可以较快转变为耕地。

二、气候资源

除了丰富的土地资源，巴西的气候条件也非常适宜发展农业生产。巴西80%的国土位于热带，北部的亚马逊平原属于热带气候，年均气温27～29℃；南部地区属于亚热带气候，年平均气温16～19℃。热带和亚热带气候保证了常年湿润和日照充足，非常适合农业生产。巴西大部分地区降雨充沛，年均降水量在2 000～3 000毫米，而且降水均衡，旱涝灾害少，适于各种农作物生长。

三、水资源

巴西是世界上河流较多的国家，有亚马逊河、巴拉那河和圣弗朗西斯科河三大河系。亚马逊河横贯巴西西北部，在巴流域面积达 390 万平方公里，其在巴西境内的支流多达一百多条，形成密密的河网；巴拉那河系包括巴拉那河和巴拉圭河，流经西南部；圣弗朗西斯科河系流经干旱的东北部，是该地区主要的灌溉水源。巴西水资源丰富，拥有世界 18%的淡水，人均淡水拥有量高达 2.9 万立方米，拥有发展灌溉农业和淡水渔业的优越条件。

巴西东濒大西洋，海岸线 8 400 公里，大陆架面积 82.28 万平方公里，1971 年实施 200 海里专属经济区，其面积 350 万平方公里。巴西北岸的大陆架面积比东岸宽广，尤其是亚马逊河河口外海一带海域渔场自然条件极为优越。

四、森林资源

巴西的森林资源极其丰富，亚马逊地区拥有世界最大的热带原始雨林，总面积达 330 万公顷，是世界最大的动植物基因宝库。全国森林覆盖率近 60%，木材总储藏量达 658 亿立方米，占世界林木蓄积量的 21.2 %。

第二节　社会经济资源

一、宏观经济

历史上巴西一度是单一农业经济国家，蔗糖、咖啡等为其主要经济作物。20 世纪初，巴西开始工业化进程。50 年代起，巴西依靠外债促进了工业化迅速发展，其中 1967—1974 年经济年均增长速度达到 10.1%，创造了“巴西奇迹”，并初步建立起了较为完整的工业体系。其后近 30 年的时间里，巴西一直为外债和通货膨胀所困扰，经济发展陷于停顿。1994 年 7 月巴西推出“雷亚尔计划”，以联系汇率制为核心，有效解决高通胀问题，经济恢复增长。但巴政府依赖举债来维持雷亚尔汇率稳定，财政和经常性项目双赤字问题日益严重，对外资依赖急剧加深。在经历了多次国际金融危机的冲击和国内经济萧条后，巴西被迫于1999年初宣布采取浮动汇率制，造成当年雷亚尔兑美元大幅贬值，国内通胀率短期内急剧上升。其后，受国内外因素共同影响，巴西经济连续几年增长缓慢。2003年，卢拉执政后采取稳健务实的经济政策，推出“经济加速增长计划”等一系列刺激经济发展的措施，巴西经济开始走上稳定发展道路。近年来，受全球大宗商品价格下降、美联储加息及国内政局动荡等因素影响，巴西再次面临通货膨胀、财政赤字、货币贬值的困境，经济增速放缓甚至出现衰退。但总体看，巴西仍属于拉美地区发展水平较高的国家之一。2014年巴西GDP约为2.4万亿，其中农业占比5.2%，人均GDP 11 726.8美元。

二、城市化

根据世界银行的统计，2014年巴西总人口2.06亿人，其中农村人口0.3亿人，占人口比重的15%，城市化率高达85%，相当于经济发达国家的城市化水平。巴西城市化的快速发展主要发生在其工业化时期。工业化的发展为城市化提供了巨大的推动力，巴西的人口开始大规模地向城市集中。根据1970年巴西人口普查结果，巴西城市人口第一次超过农村，达到54%。到了20世纪90年代，巴西的城市化水平就达到了70%。也就是不到20年时间，巴西就走完了从城市化中期到后期的所有过程，这个过程几乎只相当于发达国家的一半时间。为迅速增长的城市人口提供食物一度是巴西农业发展的重要目标和动力。

三、农业生产组织

巴西的土地仍然是从十六世纪葡萄牙殖民时期沿袭下来的大地产主私有制。国家只在特殊情况下才对私人土地进行干预，或进行有偿的征收。巴西土地占有极为不平等，全国大部分土地仍集中在少数庄园主手中。巴西应用经济研究所提供的数据表明，0.9%的大农场主拥有 44.6%的土地，许多大农场主土地规模达几万公顷乃至几十万公顷，而 40%的农民拥有的土地仅为 1%。巴西存在着大量少地和无地农民，这部分人要么依附于庄园主、农场主做雇工而生活，要么作为季节工而只能在耕种和收获季节找到工作，大多数不得已流入城市谋生。

巴西部分大土地所有者将占有的土地作为价值保存，作为投资的资本，等待地价升值时出售，而不作为经营和生产的资料。如巴西独立后，大庄园主、大种植园主和上层人物大肆占有和兼并土地。他们把土地交给“管家”经营，而不把土地交给渴望耕种的人，致使大片土地荒芜，土地利用率低下。巴西全国垦殖土改委员会所做的一项调查表明，全国 1.5 亿公顷宜农土地没有开垦，这些土地为大地主所有。它们或因缺乏基础设施而不具备开发条件，或准备炒卖而牟取暴利。

巴西农业中存在的典型经营实体包括公司农场、产业化私营农场和小农户，前两者构成农业生产的主体。这些大型农场通常拥有优质土地、能进行大量投资并采用先进技术，这使得巴西在大宗土地密集型产品及资本密集型经济作物生产上都形成突出的竞争优势。大中型农场主要通过订单方式与大型涉农企业形成一体化联系，以生产大豆、甘蔗、咖啡、可可等出口农产品为主。为数众多的小农户仍然停留在传统的耕作方式上，以生产木薯、黑豆等为主，通常通过合作社将产品出售给从事加工或物流的涉农企业，劳动生产率和经济收入都很低。

全国各地农业生产力发展水平极其悬殊。巴西东南部和南部经济发达，农业发展现代化程度也相应较高，已基本实现农业机械化，生产水平接近发达国家。东北部是巴西的欠发达地区，气候干旱，虽有不少河流湖泊，但是没有灌溉系统，农业基本上“靠天吃饭”。巴西中部是典型的热带稀树草原地区，人们曾长期认为该地区的土壤质量差、不适合耕种。20 世纪 70 年代，巴西政府决定开发该地区，投入了大量的资金用于水利等农业基础设施建设，并专门成立了一个研究中心研究该地区资源的合理开发和利用问题，如培育适合该地区的作物品种、开展土壤改良等。经过 30 余年的研究与开发，该地区的农业生产快速增长，已成为巴西重要的农牧业生产和出口基地。

四、交通运输

长期以来，巴西陈旧、落后的交通设施饱受诟病，公路、铁路、水路和管道等通行运载能力不足，与经济发展严重不对称。巴西铁路网总长度为28 575公里（2011年9月），主要分布在巴西南部、东南部和东北部，其中35%以上建于60年前。巴西平均每1 000平方公里土地拥有3.4公里铁路，而美国平均每1 000平方公里土地拥有22.9公里铁路。世界经济论坛发布的国家竞争力排名中，巴西在铁路一项上排第九十五位。公路总长175.18万公里，其中联邦级公路74 681公里，铺好路面的公路仅16.5万公里。据巴西运输联合会（CNA）的报告，巴西78%的公路条件很差或比较差。运输汽车的车况也很严峻，平均车龄为18年左右，巴西的汽车总装载量为170万吨，其中有相当部分汽车的保养状况很糟糕。水运总量6.92亿吨，集装箱吞吐能力350万个标准箱。全国有82个港口，远洋货船126艘，内河航线总长9 403公里。主要港口有桑托斯、维多利亚、里约热内卢、帕拉那瓜和圣·路易斯等。近年来，为适应农产品出口的增长，带动东北部地区经济发展，巴西正在东北部地区兴建一批万吨级以上的深水码头。

作为一个地域辽阔的大国，巴西农产品的竞争力高度依赖运输效率。目前巴西农产品主要通过海运向外输出，大豆、牛肉等主要出口产品的主产区在西北部和中西部，而巴西对外运输的黄金水道则是大西洋，位于东部，从内陆产区向港口的运输距离较长。尽管巴西的基础设施在不断改善，但铁路和水路运输仍较薄弱，内陆地区生产的农产品仍主要依赖卡车运输，成本较高，且容易导致拥堵。分销港口的不足以及装卸设施的落后也影响了巴西农业运输效率。每当巴西大豆收获季节，在桑托斯和巴拉那瓜等几大港口等待卸货的重型卡车天天都会排起绵延数公里的长队，大量货物积压在港口，无法按时发货。据巴西交通运输联合会统计，由于国内运输成本高，巴西运往中国的大豆平均每吨要比美国运往中国的大豆高出70多美元。因运输时间长造成的损失也很大，1吨大豆大约因此损耗10%。

第二章
巴西农业生产概况

巴西在作为葡萄牙殖民地的时期形成了依赖宗主国的殖民地经济模式，早期的农业发展主要受殖民者需求的驱动，形成较单一的农业生产结构，主要产品为蔗糖、棉花、咖啡等面向宗主国出口的经济作物，由殖民者建立的大型种植园长期占有重要地位。20 世纪 70 年代以来，依托资源禀赋优势，加上世界农产品需求增长的拉动和国内农业政策的推动，巴西农业生产迅速发展，农业结构日益多元化，除水产业发展相对滞后之外，农牧林业均全面快速发展。巴西已成为世界农业生产和出口大国，除小麦等少数作物外主要农产品均能实现自给并大量出口。巴西大豆、玉米、食糖、咖啡、柑橘等产品产量居世界前列，大豆、咖啡、牛肉、鸡肉、橙汁等产品出口量居世界首位。此外，猪肉、水产品、水果等都具有广阔的发展前景。

第一节　种 植 业

巴西发展农业生产具有土地资源丰富、温度适宜、水源充足等得天独厚的自然资源优势，几乎可以从事任何农作物生产，生产结构调整主要取决于市场价格信号。从 20 世纪 70 年代开始，巴西的农业生产开始趋于多样化，由主要种植基于种植园经济的热带经济作物扩展到国际市场需求日益旺盛的大豆、玉米、棉花等温带农作物。政府扶持的农业技术研发对于这一转变的实现起了重要作用，突出表现在开发出了适合巴西气候与土壤条件的农作物品种，作物单产得到显著提高。90 年代中期以来，国际市场对谷物、油料、棉花等大宗农产品的需求显著增加，给巴西扩大农业生产和出口提供了良好的市场机会。在过去的20年中，受面积扩大和单产提高双重因素影响，巴西的大豆、玉米、甘蔗等主要作物的产量大幅增加。

巴西农业机械化水平较高，主要农产品生产基本上实现了机械化。不仅大型商业化农场拥有各种自动化程度较高的收割、播种机械，中小型农场也广泛应用小型农业机械。机械设备尤其是小型农业机械的广泛应用减轻了巴西农民的劳动强度，极大地提高了巴西农场的生产效率，实现了较高程度的集约化经营。

一、大豆

近几十年来，巴西农业发展的突出特点是迅速发展了大豆生产。巴西最初仅在南部温带地区种植大豆，面积较小。随着巴西畜牧业的快速发展，巴西国内大豆产业发展很难满足市场需求的快速增长。20世纪70年代开始，为发展大豆生产，巴西政府和科研单位组织研究人员自主研发出能够在热带、亚热带气候条件下生长的大豆品种，开发出配套的耕作技术，并出台了一系列鼓励种植的政策，使得大豆种植区域持续向北扩展，单产也相应提高。到2000年，巴西大豆面积和产量分别增至1 393万公顷和3 950万吨，比1977年增长了79%和314%。进入21世纪以来，在亚洲地区尤其是中国对大豆的强劲需求拉动下，巴西大豆生产迅猛增长。2015年，巴西大豆种植面积3 310万公顷，产量9 700万吨，比2000年分别增长了117.8%和145.6%，占全球的比重分别达到27.6%和31%。当前巴西大豆种植面积与美国相当，产量略低于美国，居世界第二位。2011—2015年巴西大豆平均单产2.9吨/公顷，高于全球平均水平（2.5吨/公顷），但略低于美国（3吨/公顷）。

巴西大豆主产区主要有三个：第一个主产区是巴西南部和东南部产区。此地属于潮湿的亚热带气候，气候适宜大豆的生长加上土壤肥力较好，南部和东南部产区一直是巴西大豆的传统重要产地，主产州包括了巴拉那州、圣卡塔琳娜州、南里奥格兰德州、米纳斯吉拉斯州以及圣保罗州等州。第二个主产区是巴西的中西部产区。由于该区域主要为稀树热带草原，开荒较为方便，因此为巴西目前种植面积上升的主要地区。主要包括马托格罗索州、南马托格罗索州以及戈亚斯州等。在巴西政府允许按照配额开荒种田之后，由于大豆的种植效益较好，导致巴西中西部地区大豆种植面积迅速增加，产量也逐渐超过南部和东南部主产区，成为巴西重要的大豆种植地区，该区域种植面积和产量均占巴西的45%左右，并且由于开荒，主要以大型的机械收割农场为主。第三个主要的种植区域是巴西的北部和东北部地区，这些地区的主产州主要包括郎多尼亚州、帕拉州、托坎廷斯州、马拉尼昂州、皮奥伊州以及巴伊亚州，种植面积大约只占巴西大豆种植面积的7.5%，产量只占2.5%[①]。

二、玉米

玉米是巴西仅次于大豆的第二大作物，也是巴西最主要的谷物。20世纪60年代开始，由于巴西农牧业研究院研究开发出了适合在热带气候种植的玉米杂交品种，并对贫瘠的土壤予以改良，巴西玉米产量逐步提高。后来，在国际市场高价、高产新品种的采用，生产区域的拓展，政府政策支持等因素的作用下，巴西玉米生产快速发展。近年来，巴西已成为全球第三大玉米生产国，也是仅次于美国的第二大玉米出口国。2015年，巴西玉米面积1 600万公顷，比1960年翻一番；玉米产量7 750万吨，在2014年达到创纪录的8 500万吨，比1960年增加了8倍多。巴西玉米占全球玉米产量的比重由20世纪60年代的约5%增至当前的约8%。巴西玉米单产增长期低于世界平均水平，但近年来单产提高较快，已接近世界平均水平。2011—2015年巴西玉米单产每公顷5.1吨，世界平均为5.3吨。

巴西玉米产区主要有两个，一是南部和东南部的传统农区。普遍实行大豆和玉米的轮作，一般在9月种植、次年3月收获。该地区玉米品

① 私油会，巴西大豆那些事：产量与天气炒作，http：//futures.jrj.com.cn/2015/12/28104220308143.shtml。

种较好，且主要是资本集约型农场，因而单产较高。该地区玉米主要是供应国内临近地区的饲料厂。二是巴西中西部新开发农业地区，如马托格罗索州。这里实行一年两熟的复种模式，第一季种大豆，第二季种玉米，玉米播种期一般在1月。由于采用了一些先进适用技术，如用石灰降低土壤酸性，采用免耕作业法等，该地区玉米面积大幅增长，马托格罗索州已成为复种玉米产量最大的州。尽管复种玉米生长后期将遭遇旱季，产量受到影响，但通过复种分摊了固定成本，提高了营利能力。该地区的玉米主要用于出口。在马托格罗索州，复种玉米的面积在2005—2015年增长了4倍，占巴西玉米产量的比重约达25%。从全国范围看，复种玉米占玉米总产量的比重由2004年、2005年的22%增至2014年、2015年的64%，复种玉米的产量已高于单季玉米。

三、棉花

巴西有悠久的棉花种植历史，早在16世纪可能就有棉花栽培。到18至19世纪，巴西植棉出现第一个高峰，称为“黄金时代”。18世纪英国的工业革命带动了巴西的植棉业，后由于美国棉花种植业的发展而衰落。美国的南北战争再次推动了巴西棉花生产。1929年世界经济危机使巴西咖啡出口受到打击，农田转向生产棉花，使得圣保罗成为巴西最大的棉花产区。20世纪的60—70年代，巴西棉业又进入快速发展时期，产量攀升，在国际上于美国、苏联、中国和印度之后，成为第5大产棉国。20世纪80年代至90年代前半期，巴西棉业发展滑入低谷，植棉面积和总产大幅下降，原棉大量依靠进口。20世纪90年代中期之后，巴西棉业开始恢复，尽管棉花面积尚未恢复到80年代的水平，但由于单产大幅提高（由20世纪80年代的0.33吨/公顷增至2010—2015年的1.46吨/公顷，增长了3.4倍），棉花总产不断迈上新台阶，在2010年达到创纪录的196万吨。当前巴西棉花单产属于较高水平，大约相当于世界平均水平的2倍。

巴西从西到东形成植棉带，可分为三个棉区：一是中西棉区（或Cerrado棉区），包括中西部的3个州（马托格罗索、戈亚斯、南马托格罗索)、东南部的 1 个州(米纳斯吉拉斯)和东北部的 1 个州(马拉尼昂)。该地区棉花实现了规模化生产、专业化经营。在马托格罗索州,平均每个农场主拥有 1 500 公顷的耕地。在戈亚斯州,平均每个农场拥有 600 公顷的耕地。该地区棉花生产从种植到采摘全部实现了机械化。棉花种植有单作和连作两种,连作的前茬是大豆。二是南部棉区,包括南部的巴拉那和东南部的圣保罗 2 个州。三是东北棉区,包括东北部的 8 个州(皮奥伊、塞阿拉、北里奥格兰德等)。该地区棉花是单季生产,与玉米、大豆、鹰嘴豆等作物套种,户均生产规模和机械化程度相对较低①。20 世纪 90 年代,巴西棉区作了大幅度调整,主要由南部和北部向中西部转移,中西部棉区在生产中所占比重迅速提高,近年来约占巴西棉花播种面积的 80%以上。中西部棉区为典型的内陆热带气候;东北棉区面临大西洋,属典型的海洋气候;最南部的地方夏季炎热、冬季较寒冷,但年平均气温较高。整个巴西棉区有明显的雨季和旱季之分,棉花生产往往随雨季播种,旱季收获。由于这种得天独厚的自然条件,巴西棉花种植不需要灌溉,收获时也不会有雨水和霜降,成本较低且品质较好。由于棉区光照充足、积温高、终年无霜,棉花成熟度好、色泽亮白,品质优良。

四、甘蔗

巴西食糖产业发展具有悠久的历史。1535 年葡萄牙殖民者将甘蔗引入巴西东北部。随着欧洲市场对蔗糖需求的增加,甘蔗种植业在巴西东部沿海平原地区发展起来。甘蔗的种植需要大量的劳动力,于是葡萄牙人首先开始了罪恶的奴隶贸易,从非洲掠夺黑人,贩运到巴西甘蔗种植园充当奴隶。同时,有利可图的甘蔗种植业也吸引了欧洲的移民,很快巴西成为世界最大的蔗糖生产国。大量的巴西蔗糖运往欧洲,葡萄牙人曾一度垄断了欧洲市场的食糖供应。蔗糖生产成为巴西的经济支柱,甘蔗集中种植的东部沿海地区被称为“甘蔗海岸”。巴西的甘蔗繁荣时期大

① 王坤波、郭香墨等,“巴西棉花考察报告”,《中国棉花》,2007 年第 5 期。

约持续了一个半世纪。17 世纪末，由于欧洲甜菜糖生产的发展和距欧洲市场较近的西印度群岛甘蔗种植业的崛起，巴西的甘蔗种植业逐步衰退。

20 世纪 70 年代以来，巴西先后实施了糖业改良计划、甘蔗制乙醇发展计划，加强了甘蔗生产技术研究和应用，极大地促进了甘蔗生产的发展。1971 年，巴西政府制定了国家甘蔗糖业改良计划，对糖业生产计划、产品价格、贷款贴息和出口补贴及配额等实行集中统一管理，促进了糖业发展。为应对 1973 年爆发的第一次世界石油危机，巴西政府从 70 年代中期以来开始实施用甘蔗加工乙醇以取代汽油的计划，这大幅拉动了对甘蔗的需求，导致甘蔗种植面积大增。此外，基于优越的种植基础，巴西致力于用科技推动单产，加大科研投入力度，使甘蔗含糖率、抗旱能力和抗病虫害生产能力均有所提高。1971—1988 年，巴西甘蔗种植面积由 173 万公顷增至 411 万公顷，增加 1.38 倍；单产由 46.5 吨/公顷增至 62.8 吨/公顷，增幅达 40%。20 世纪 90 年代，巴西国内的经济改革使得糖业由政府管控向市场竞争转型，糖价受到较大冲击，加上当时经济衰退和通货膨胀导致的融资困难，不少糖厂出现亏损，甘蔗面积扩增受限。2000 年至今，随着国内外对燃料乙醇需求的增长，加上巴西甘蔗种植技术与机械化程度的提高，巴西甘蔗生产再次大幅扩增。种植面积由 2000 年的 485 万公顷增至 2014 年的 1 044 万公顷，年均增长 5.6%，产量由 3.3 亿吨增至 7.4 亿吨，年均增长约 6%。当前，巴西甘蔗总产和单产均居世界首位。

巴西也是世界最大的食糖和生物乙醇生产国，每年大约一半的甘蔗用于生产生物乙醇，具体比例由蔗糖价格和能源价格的相对比价决定。巴西甘蔗生产规模化程度较高，全国共有约 7 万个种植甘蔗的农场，平均每个农场的甘蔗产量约为 1 万吨。巴西的甘蔗生产已基本实现全程机械化，包括整地、开垄、播种、施肥、中耕培土、除草、排灌、收割、装卸和运输。农药和一些生长调节剂主要是利用飞机喷洒。

五、咖啡

咖啡原产于非洲的埃塞俄比亚，1727 年传入巴西。巴西温暖湿润的气候和深厚、疏松、富含腐殖质的红色石灰土，非常适宜咖啡生长。再加上巴西地广人稀，更有利于需要大量土地而对技术资金要求不高的咖啡种植。19 世纪上半叶，随着巴西蔗糖生产和采金业的逐渐衰落，大批劳动力进入咖啡种植园。在这个时期，咖啡成为欧洲、北美的一种大众化饮料，需求量猛增，进一步带动了咖啡生产。1825 年咖啡出口超过蔗糖，成为巴西最大的出口产品。1850 年巴西咖啡产量占世界总产量的一半，1900 年达到世界总产量的 3 /4，巴西被称为世界的“咖啡王国”。巴西经济发展曾严重依赖咖啡的种植和出口，1952 年咖啡出口额占全国出口总额的 73.7%。

20 世纪 60 年代后，随着巴西经济作物的多样化，咖啡生产出现下降。咖啡产量由 20 世纪 60 年代初的 3 000 万袋（每袋 60 千克）下降至 70 年代末的约 2 000 万袋，但后来有所恢复和发展。2010 年以来，巴西咖啡种植面积为 200 多万公顷，产量基本保持在 5 000 万袋以上，占全球咖啡产量的比重在 33%以上。巴西仍是全球最大的咖啡生产国和出口国，产量比位居第二位的越南高出约一倍。巴西咖啡的丰收或者减产总是能够直接影响全球市场。

巴西咖啡主产区主要有米拉斯吉拉斯州（Minas Gerais）、圣埃斯皮里图州（Espirito Santo）、圣保罗州（Sao Paulo）和巴拉那州（Parana），合计占巴西全国总产量的 98%。其中米拉斯吉拉斯的产量最为惊人，约占巴西咖啡总产量的 50%。巴西约有咖啡农场 22 万个，约 71%的农场面积在 10 公顷以下，25%的面积在 10～50 公顷之间，只有 4%面积超过 50 公顷。传统上巴西咖啡采摘主要使用手工，但随着劳动力日益紧缺，越来越多的农场使用机械，特别是大规模种植园，基本全部用机器采收机器烘干，自动化程度很高。

六、柑橘

巴西柑橘作为一个产业始发于 20 世纪 50 年代。柑橘产业发展的头 30 年，由于没有完备的橙汁加工业的驱动，只是靠鲜果内外销及少量橙汁提取，发展速度较慢。20 世纪 50 年代，由 Cutrale 先生首先在圣保罗州兴建了第一家冷冻浓缩橙汁厂，随后多家橙汁厂建成投产，这些加工厂极大地带动了巴西柑橘业的发展。20 世纪 60 年代末，巴西成功开辟了巨大的欧洲橙汁市场。从那时起，巴西柑橘生产居世界首位，且在稳步发展。巴西柑橘品种主要是用于榨汁的甜橙。

巴西甜橙产量在 2010 年曾达到创纪录的 2 260 万吨，占全球产量的比重高达 40.4%。2012 年以来，巴西甜橙产量基本保持在 1 600～1 800万吨之间，约占全球产量的 1/3。巴西甜橙主产区主要是圣保罗州和米拉斯吉拉斯州（Minas Gerais）西部，被称为“柑橘带”。该地区占巴西甜橙产量的比重约为 80%。据美国农业部统计，2015 年巴西甜橙种植面积 63 万公顷，其中圣保罗州面积 43 万公顷；全国共有结果的甜橙树 2.26 亿棵，其中 1.74 亿棵位于圣保罗；全国甜橙产量为 4 亿箱（40.8 千克/箱），其中圣保罗州 2.86 亿箱；生产的甜橙中有 2.69 亿箱用于橙汁加工，其中圣保罗占 2.49 亿箱。2015 年巴西浓缩橙汁产量及其他橙汁产量折合浓缩橙汁当量合计 97.4 万吨（白利糖度 65 度）。

巴西柑橘园逐步走向大规模集约化经营，小的果园逐步消失。在“柑橘带”，2001 年柑橘树在 20 万棵以上的农场 61 个，占柑橘农场数量的 0.4%，拥有的柑橘树占 23.8%；柑橘树在 1 万～2 万之间的农场 2 175 个，占农场数量的 14.5%，拥有的柑橘树占 16.5%；柑橘树在 1 万棵以下的农场 11 333 个，占农场数量的 75.6%，拥有的柑橘树占 15.5%。到 2009 年，柑橘树在 20 万棵以上的农场 120 个，占农场数量的 1%，拥有的柑橘树占 46.6%；柑橘树在 1 万～2 万之间的农场 1 408个，占农场数量的 11.2%，拥有的柑橘树占 8%；柑橘树在 1 万棵以下的农场 9 603 个，占农场数量的 76.1%，拥有的柑橘树占 13.4%。

巴西柑橘种植管理的机械化程度总体较高，但由于果实成熟期不同，柑橘采摘仍以人工为主。一个熟练工人大约每天可采摘 3 吨柑橘。在收获季节，农场雇佣临时工人来采摘柑橘。在 2009 年、2010 年作物年度，整个巴西大约雇佣了 9.4 万名工人来采摘柑橘。

第二节 畜牧业

巴西有广阔的草地和牧场，具有发展畜牧业的优越条件。近年来，随着巴西扩大大豆、玉米等大宗农作物生产，部分牧场被开垦为耕地，使采用放牧方式的动物饲养业受到不利影响。另一方面，种植业生产扩大增加了能量和蛋白饲料供应，为发展集约方式动物饲养创造了更好的条件。总体来看，巴西畜牧业呈现快速发展态势。

一、肉牛及奶牛

巴西气候湿润，适宜牧草生长，草场维护和土地成本低，为实施粗放型放牧养牛提供了条件。20 世纪 70 年代，巴西养牛业快速扩张，牛存栏量平均每年增长 5%，这一增长趋势在 20 世纪 80 年代得以保持。自 1980 年起，巴西实现人均一头牛。当前，巴西拥有除印度外世界最大的牛群，商品牛数量及牛肉产量居世界第一位，牛肉出口量也跃居世界首位。2015 年，巴西牛存栏量 2.13 亿吨，占全球的 22.1%，其中奶牛 3 898 万头，占全球 16.1%，商品肉牛 5 421 万头，占全球 27.3%；牛肉产量 943 万吨，占全球的 16.1%。

肉牛主要分布在巴西北部和中西部地区：中西部地区肉牛存栏量居全国之首，主要分布在南马托格罗索州以及马托格罗索州的北部；巴西北部肉牛存栏量也较高，主要面向巴西国内市场。巴西南部及东南部产区主要面向出口市场。巴西养牛业传统上主要采取粗放放牧方式，从 20 世纪 80 年代开始集约饲养方式逐步扩大，但所占比例仍较低。近年来巴西牛肉产量保持在 950 万吨左右，其中来自集约化饲养的仅 100 万吨左右。虽然养牛以放牧为主，但巴西对放牧养牛的管理比较精细，注重草场改良，实施测土配方施肥，自觉执行围栏放牧和以草定畜，不仅有效避免了草场退化，还实现了粪尿的自然消纳，避免环境污染。草地围栏放牧规模一般为 100 头/栏，设有补饲槽和自动饮水设备。在旱季，由于雨水相对较少，牧草质量不高，为保证出栏牛的膘情而采用短期集中育肥，充分利用大豆、玉米、甘蔗渣等农副产品进行育肥。养殖规模普遍较大，牧场面积在100公顷以下的小型农场占比不足5%。一般牧场的平均面积为5 000～7 000公顷。

巴西肉牛品种主要是瘤牛，约占肉牛总量的80%，瘤牛中90%是内络尔牛（Nellore）。瘤牛特别是内络尔牛能够适应热带和亚热带气候以及较粗放的饲养管理，且牛肉生产效率较高，这是该品种在巴西较受欢迎的主要原因。除瘤牛之外，在巴西南部还有内络尔牛与欧洲大陆系的杂种以及少量的纯种安格斯、海福特、西门塔尔、利木赞、夏洛莱等。巴西非常注重育种和品种改良，以培育出具有优良性状的品种。例如，通过对早熟性的选育，巴西将从母牛到出栏育肥牛的生产周期由5年缩短到2.5年。此外，巴西在肉牛繁育中高度重视体外受精、胚胎移植等快速繁育技术，促进了新引进种群的快速扩繁。

巴西具有非常完备的满足肉牛养殖需要的配套设备设施。既有大型的牧草、饲料加工机械，也有设计新颖的小型饲槽、水槽、注射器械、标记溯源用具，还有肉牛运输专用车辆、卸牛台、牛通道等，以及用于科研的动物代谢笼、电子称重保定架等。各种设备设施不仅设计先进，而且非常实用。另外，巴西的肉牛产业服务体系非常完善。有各个品种的专门协会进行肉牛育种，由具有实力的企业进行优秀种牛培育和扩繁；大型的牧草种子企业、大学和科研单位联合进行牧草新品种的培育与推广，并承担技术推广任务；专门的公司负责肉牛专用饲料添加剂和专用设备生产，肉牛集中育肥和屠宰也均由专业企业进行，肉牛养殖户仅需进行简单的围栏放牧管理，实现了肉牛养殖的专业化分工和高效生产①。

巴西奶牛养殖区域相对比较集中，主要分布在5个州，分别为米纳斯州、戈亚斯州、圣保罗州、南大河州和巴拉那州。奶牛以放牧为主，个体产奶水平不高。2015年巴西泌乳牛数量为1 733万头，牛奶产量2 630万吨，年单产约1.5吨，约为全球平均单产的43%。2000年以前

① “巴西肉牛产业考察报告”，国家肉牛产业技术体系。

巴西乳制品主要靠进口，后来随着巴西国内奶业的发展，进口量逐渐减少，并实现部分出口。

二、生猪

巴西生猪产业的发展主要体现在单产提高上。1960—2015 年，巴西生猪存栏量由 2 500 万头增至 3 940 万头，增加了 57.6%，年均增长 0.8%；而猪肉产量由 36.8 万吨增至 351.9 万吨，增加了 8.6 倍，年均增长 4.2%。自 2004 年以来，巴西是仅次于中国、俄罗斯和美国的世界第四大猪肉生产国。但总体而言，巴西生猪生产水平仍不高。直到 20 世纪 90 年代初期，巴西生猪仍主要是低质量的、猪油型猪，管理方式也相对原始。后来，随着大型农商企业的进入，巴西生猪产业的现代化水平不断提高，但距离世界先进水平仍有较大差距。2015 年巴西平均每头猪胴体重 92.8 千克，略高于世界平均水平（88.5 千克）；出栏率为 96.3%，低于世界平均的 156.6%。这意味着巴西生猪产业仍有较大的发展潜力。

巴西生猪产业主要分布在南部地区、东南地区以及中西部地区。其中，南部地区约占生猪产量的 55.9%，小型养殖场居多，主要采用纵向一体化的生产方式，即养殖场与生猪产业链上下游有密切的利益联结机制。通常的做法是，大型农商企业为养殖场提供猪苗、饲料及其他技术服务，并回收商品猪。东南部地区约占生猪产量的 17.5%，养殖场规模中等，经营方式较为独立，与上下游的利益联结并不紧密；中西部地区约占生猪产量的 10.2%，该地区主要是大型养殖场，也较为独立，该地区生猪产业仍处于较快发展之中。

三、肉鸡

巴西肉鸡产业起步较晚，20 世纪 70 年代以前，巴西鸡肉产量不足 20 万吨，基本没有出口。1975 年，巴西首次出口肉鸡到中东。从那以后，出口量连年增加。从 80 年代开始，受国内市场需求的拉动和出口的刺激，一些实力雄厚的养禽公司相继出现，踊跃投资，建设了一批大规模机械化养鸡场，使巴西肉鸡生产快速增长。1980—1995 年的 15 年间，每年的肉鸡生产以 10％的速度增长。鸡肉产量由 1980 年的 125 万吨增加到 1990 年的 236 万吨，1995 年进一步增加到 405 万吨。1996 年以来，尽管扩张速度有所放缓，但仍保持了年均 6％的增速。2015 年，巴西鸡肉产量 1 315 万吨，占全球产量的 14.8％。巴西鸡肉产量已超过中国，跃居世界第二位，仅次于美国。从 2004 年开始，巴西鸡肉出口量居世界首位，目前出口至 150 多个国家和地区。

巴西肉鸡产业绝大部分由产业链一体化的企业来经营，其中养殖环节主要通过合同养殖模式进行。养殖户自己投资兴建鸡舍、负责饲养环节，企业提供鸡苗、饲料、疫苗和技术支持，并按照约定的定价机制回购农户养殖出栏的成鸡。这种生产方式有助于防控疫病、提高肉鸡质量，有助于实现小型养殖户与世界大市场的联结，有助于采用最先进的生产方式、提高产业链效率。巴西肉鸡养殖规模普遍较大，最小的鸡舍能够容纳 1 万～1.5 万只鸡，最大的能容纳 2.5 万～3 万只。有的养殖户拥有不同规模的鸡舍。一般而言，仅拥有 10 个鸡舍的养殖户被视为小型养殖户。

巴西在发展肉鸡产业方面具有较强优势：气候适宜，劳动力成本相对较低，新技术的迅速采用，一体化的生产模式，现代化的加工企业等。这些都有助于降低肉鸡产业链成本，增强出口竞争力。另一个重要因素是巴西大豆、玉米等饲料作物的快速发展，养殖者可以以相对较低的价格获得充裕的饲料供给。巴西肉鸡产业发展最大的制约因素是物流因素。传统上，巴西肉鸡产业主要集中在南部和东南部。长远来看，为了减少饲料运输费用，巴西家禽业有向中西部作物主产区转移的趋势。

第三节　渔　　业

巴西有丰富的渔业资源：拥有海岸线 8 400 公里，大陆架面积

82.28万平方公里，1971年4月1日实施200海里专属经济区，其面积350万平方公里；域内河流较多，河流湖泊和水库相当于巴西国土面积的三分之一，拥有发展淡水渔业的优越条件。尽管资源条件优越，巴西渔业生产并不发达，是南美最大的水产品进口国。

近年来，巴西捕捞渔业产量基本保持在80万吨，在南美洲国家中与阿根廷大体相当，但远低于秘鲁和智利。海洋捕捞是巴西捕捞渔业的主体，产量在2009年曾高达58.6万吨。海洋捕捞渔业主要由小沙丁鱼渔业、金枪鱼渔业、笛鲷渔业和捕虾业组成。淡水捕捞产量相对较低，在2008年的高峰时期仅为26.1万吨，主要包括鲶鱼、脂鲤等。捕捞渔业的从业者中约50%～60%是小规模渔民。2011年，捕捞渔业从业者87.6万人，其中64%从事海洋捕捞，36%从事淡水捕捞；专职从事捕捞的渔船6万多艘，大部分都不足12米长，仅三分之一有动力装置。

巴西养殖渔业从20世纪70—80年代开始得到发展，但因资金与技术不足，发展较缓慢。近些年来，养殖渔业产量增长较快，由2000年的17.2万吨增至2014年的约60万吨。其中，淡水养殖产量48.6万吨，主要是罗非鱼（26.1万吨）、鲤鱼以及部分本土鱼类；海水养殖主要是南美白对虾（9万吨）和贝类（2万吨），以及少量的牡蛎、淡水虾、海草等。养殖方式主要包括水库或池塘养鱼以及网箱养鱼。养殖渔业在增加巴西水产产量方面具有较大潜力，其占巴西水产品产量的比重也总体呈增长态势。

为打开渔业发展的新局面，巴西政府制定了多种政策措施。1998年7月22日巴西政府颁布了第2 681号法令，宣布成立渔业和养殖局，作为政府的最高渔业管理机构，负责制定促进渔业生产发展的相关政策，并负责这些政策的执行和评估。2003年1月1日，卢拉政府决定在渔业和养殖局的基础上成立渔业和养殖特别国务秘书处，并制定巴西渔业可持续发展计划。2008年公布了新的国家渔业和水产养殖业发展计划。政府通过提供优惠贷款、推广养殖技术、建设渔业公共码头、改造渔船等多种措施鼓励渔业发展。根据巴西制定的2015—2020年渔业发展规划，2020年养殖渔业产量将达到200万吨。

第四节 林　　业

巴西是世界上森林资源最丰富的国家之一。联合国粮农组织发布的《2015年世界森林状况评估》数据显示：巴西森林面积4.94亿公顷，仅次于俄罗斯，居世界第二位，约占全球森林面积的12%。2015年巴西森林面积约占国土面积的59%，森林蓄积量967亿立方米，居世界首位。2015年巴西天然林面积4.86亿公顷，人工林面积774万公顷。天然林主要为亚马逊森林、大西洋森林、热带高原森林、沼泽林、海岸红树林等。人工林主要树种为桉树、松树、狭叶南洋杉林、果树和棕榈等。

20世纪90年代之前，巴西执政者对森林深远和巨大的社会效益和生态效益很少考虑。这主要表现在始终没有从政策和实践中很好地解决森林保护问题，特别是亚马逊森林保护和发展的问题。亚马逊热带雨林动植物资源丰富，然而大量动植物物种随着热带雨林的过度采伐面临灭绝。对此，巴西政府愈来愈清醒地认识到问题的严重性，先后制定了多项环保政策，采取多种措施加强对林区环境的保护与监测。巴西政府先后颁布了《环境法》和《亚马逊地区生态保护法》。在1988年所颁布的新宪法中，加入了有关环境问题的条文，规定亚马逊地区是国家遗产，国家负责为该地区的持续发展寻求出路。同时出台了保护生态平衡的相关细则，提出了政府和公民在保护环境方面的权利与义务。巴西国家林业发展局也制定有关法律法规，对毁林烧荒给亚马逊森林造成严重灾害的个人或机构，将以破坏生态环境罪予以起诉，给予严厉的法律制裁和巨额罚款。与此同时，巴西政府加大了相关资金投入，支持亚马逊地区生态和自然资源保护①。

尽管天然林资源十分丰富，但巴西仍然十分重视工业原料林、能源

① 世界主要国家林情（巴西），http://lyj.changchun.gov.cn/lyzs/201310/t20131024_1125912.htm。

林和果林等人工林的建设。1966年颁布了发展人工林的财政刺激政策，此后一直执行这一政策，而且不断在实践中加以修改完善。在国家缺乏造林资金的情况下，充分调动了企业主甚至包括中小农场造林的积极性。例如，巴西因能源短缺发展钢铁业必须利用薪炭材，20世纪50年代之前薪炭材主要来自天然林，后来在国家支持下钢铁企业积极营造能源林。再如，20世纪50年代，巴西决心发展制浆和纸工业，开始研究用桉树材加工纸浆，几乎所有的大型制浆造纸厂或者企业集团都投入大量资金进行科学研究，解决人工林培育中的各种技术问题。如Aracruz纤维公司设有造林研究所，经多年研究，已经在桉树无性系造林方面取得了突破，并付诸生产实践，成为世界上人工营造桉树林的典型。经过几十年持之以恒发展人工林培育业，巴西的人工林已初具规模。

在保护与发展的同时，巴西积极开发利用林业资源，大力发展林产品加工。经过多年发展，林业及林产品加工业已成为巴西经济中的重要产业。巴西林产品主要有原木、锯材、人造板、木纸浆、纸和纸板、木炭等，多数产品产量居世界前列。2014年，巴西原木产量2.68亿立方米，占全球的7.2%，仅次于美国、中国和印度；木质燃料（包括木炭材）产量1.18亿立方米，占全球的6.3%，居第三位；工业用原木产量1.50亿立方米，占全球的8.2%，居第四位；锯材原木及单板原木产量0.57亿立方米，占全球的5.5%；纸浆材产量0.84亿立方米，占全球的13.1%，仅次于美国居第二位。2014年巴西林产品加工品产量分别为：木炭724万吨，占全球的13.6%；锯材1 523万立方米，占全球的3.5%；人造板1 184万立方米，占全球的3.1%；木浆1 683万吨，占全球的9.7%；回收纸452万吨，占全球的2%；纸和纸板1 037万吨，占全球的2.7%①。

① 联合国粮农组织，《林产品年鉴2014》。

第三章
巴西农产品贸易

随着国内农业生产的快速发展，巴西在全球农产品出口市场上的地位不断提高。特别是进入21世纪以来，在亚洲地区尤其是中国对农产品强劲需求的拉动下，巴西农产品出口迅猛增长，目前已成为仅次于欧盟和美国的第三大农产品出口方，大豆、玉米、食糖、禽肉、牛肉等产品出口居世界前列。巴西农产品进口规模较小，是典型的农产品净出口国。

第一节　农产品贸易总体情况

1995—2000年，巴西农产品贸易额基本维持在200亿美元左右，2000年之后呈现迅速增长。2000—2015年，巴西农产品贸易额由2000年的174.7亿美元增至2015年的844.1亿美元，年均增长17.1%。其中，出口额由131.7亿美元增至745.4亿美元，年均增长18.9%；进口额由43.0亿美元增至98.6亿美元，年均增长8.7%；贸易顺差由88.7亿美元增至646.8亿美元，年均增长22.0%。从表3-1看出，巴西农产品贸易额在2013年曾达994.2亿美元的高位，近两年有所下滑，这主要是由于国际农产品价格走低，主要产品出口量均未出现大幅下滑。

表3-1　2001—2015年巴西农产品进出口额及顺差

单位：亿美元

年份	贸易额	出口额	进口额	顺差
2000	174.7	131.7	43.0	88.7
2001	202.0	166.0	36.0	130.0

（续）

年份	贸易额	出口额	进口额	顺差
2002	209.7	174.5	35.2	139.3
2003	255.5	217.4	38.0	179.4
2004	319.3	283.9	35.4	248.6
2005	358.6	322.6	36.0	286.6
2006	415.8	369.9	45.9	324.0
2007	511.0	449.5	61.5	387.9
2008	666.5	584.2	82.3	501.9
2009	621.5	548.8	72.7	476.1
2010	728.3	637.3	91.0	546.4
2011	940.9	818.7	122.2	696.5
2012	948.6	830.6	118.0	712.6
2013	994.2	866.9	127.3	739.6
2014	951.3	827.1	124.2	703.0
2015	844.1	745.4	98.6	646.8

资料来源：根据 UN Comtrade 数据库整理。表 3－2～表 3－7 资料来源同此表。

第二节　产品结构

随着农业生产结构的多样化，巴西农产品出口种类不断丰富，出口产品既包括大豆、玉米、棉花、糖等大宗农作物产品，也包括咖啡、橙汁等园艺产品及其加工品，还包括牛肉、猪肉、鸡肉等畜产品。巴西农产品进口规模较小，主要进口产品有谷物、水产品、果蔬、乳品和酒类等。

一、主要出口产品

（一）大豆及加工品

2000 年以前，巴西大豆出口量不足 1 000 万吨，出口额约 20 亿美元。进入21世纪以来，在中国需求增长的拉动下，加上其自身的价格竞争优势，巴西大豆出口持续快速增长。在短短15年内，巴西大豆出口量先后迈上2 000万吨、3 000万吨、4 000万吨和5 000万吨的新台阶，在2015年达到5 432万吨的历史新高，比2000年增加了3.7倍，年均增长10.9%；大豆出口额在2014年达到232.8亿美元，比2000年增加了9.6倍，年均增长18.4%。由于大豆价格下跌，2015年巴西大豆出口额略有回落，但仍高达209.8亿美元。近年来，巴西大豆出口量占全球的40%左右，在部分年份出口量已超过美国，成为全球最大的大豆出口国。此外，巴西还出口一定数量的豆粕和豆油，三种产品出口额合计占巴西农产品出口总额的三分之一（表3-2）。

表3-2　1995—2015年巴西大豆及加工品出口量及出口额

单位：万吨、亿美元

年份	大豆		豆粕		豆油	
	出口量	出口额	出口量	出口额	出口量	出口额
1995	349.4	7.7	1 159.7	20.0	176.4	10.5
1996	364.7	10.2	1 126.2	27.3	133.2	7.1
1997	834.0	24.5	1 001.3	26.8	112.6	6.0
1998	927.5	21.8	1 044.7	17.5	136.0	8.3
1999	891.7	15.9	1 043.1	15.0	155.2	6.9
2000	1 151.7	21.9	937.5	16.5	107.3	3.6
2001	1 567.6	27.3	1 127.1	20.7	165.2	5.1
2002	1 597.0	30.3	1 251.7	22.0	193.4	7.8
2003	1 989.1	42.9	1 360.2	26.0	248.6	12.3
2004	1 924.8	53.9	1 448.6	32.7	251.7	13.8
2005	2 243.7	53.5	1 442.2	28.7	269.7	12.7
2006	2 495.9	56.6	1 233.2	24.2	241.9	12.3
2007	2 373.7	67.1	1 247.4	29.6	234.3	17.2
2008	2 450.0	109.5	1 228.8	43.6	231.6	26.7
2009	2 856.3	114.2	1 225.3	45.9	159.4	12.3
2010	2 907.3	110.4	1 366.9	47.2	156.0	13.5
2011	3 298.6	163.3	1 435.5	57.0	174.6	21.3
2012	3 246.8	172.5	1 428.9	66.0	175.7	20.7

（续）

年份	大豆		豆粕		豆油	
	出口量	出口额	出口量	出口额	出口量	出口额
2013	4 279.2	228.1	1 333.4	67.9	136.2	13.7
2014	4 569.2	232.8	1 371.6	70.0	130.5	11.3
2015	5 432.4	209.8	1 482.7	58.2	167.0	11.5

（二）玉米

2000年以前，巴西玉米出口量很小，基本在40万吨以下，总体呈净进口状态。2001年，巴西玉米出口激增，出口量由上年的1.7万吨增至563.9万吨。此后几年，巴西玉米出口量虽有所波动，但总体呈增长趋势，2007年突破1 000万吨，2013年突破2 500万吨，2015年达到2 907万吨的历史新高，实现出口额50.6亿美元，占农产品出口额的6%。近年来巴西玉米出口量仅次于美国，居全球第二位，约占全球玉米出口量的15.8%。1995—2015年巴西玉米出口量及出口额趋势见图3-1。

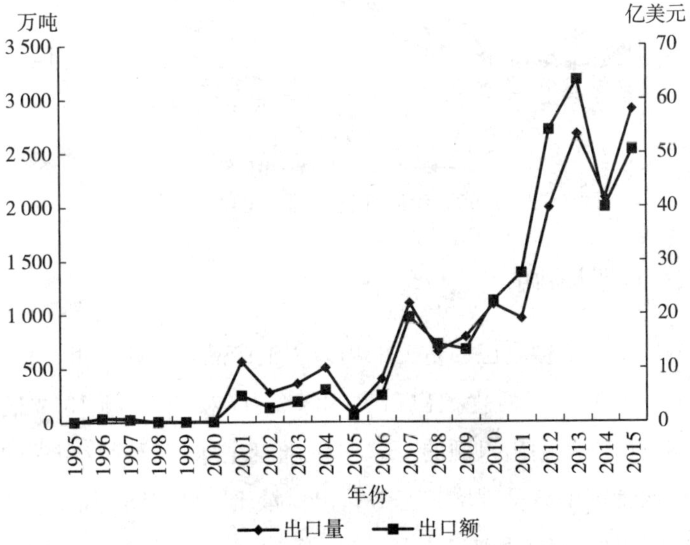

图3-1　1995—2015年巴西玉米出口量及出口额

资料来源：根据UNComtrade数据库整理。图3-2～图3-10资料来源同此图。

(三) 棉花

1995—2000 年，巴西棉花出口较少，最高时仅 7.2 万吨，最低时仅 0.2 万吨，几乎可以忽略不计。进入 21 世纪以来，随着巴西棉花生产的逐步恢复，棉花出口也呈增长态势，由 2000 年的 4.2 万吨增至 2008 年的 55.9 万吨，并于 2012 年达到 107.6 万吨。此后，随着国际棉价的大幅下跌，巴西棉花出口有所回落，2015 年出口量 84.7 万吨（图 3-2）。近年来巴西棉花出口量约占全球出口量的 9.4%，居世界第四位；棉花出口额约为 13 亿美元，占巴西农产品出口额的 1.5%。

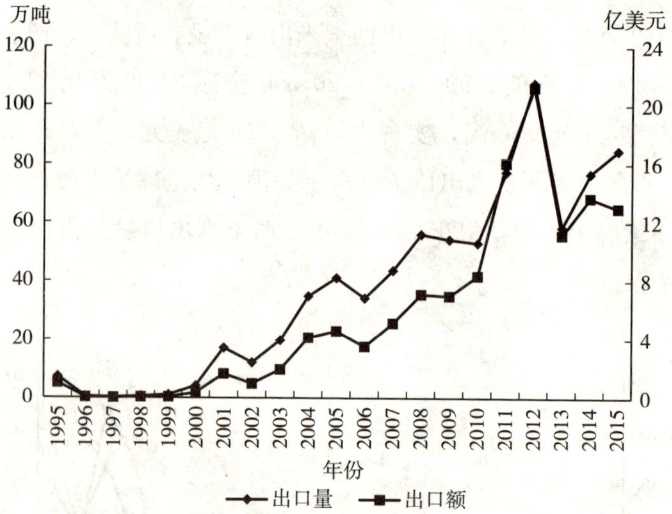

图 3-2 1995—2015 年巴西棉花出口量及出口额

(四) 食糖及酒精

长期以来，食糖是巴西重要的出口创汇产品，巴西是世界食糖重要出口国。1995 年，巴西食糖出口量 623.9 万吨，出口额 19.2 亿美元，约占当年巴西农产品出口额的 13.9%。随着全球食糖消费需求的增长，近年来巴西食糖出口呈现增长态势，出口量于 1999 年达到 1 210 万吨，于 2009 年达到 2 429 万吨，并于 2010 年达到创纪录的 2 780 万吨。食糖出口额于 2011 年达到 149.4 亿美元的历史高位。2014 年以来，由于国际食糖价格下跌，巴西食糖出口有所下降，基本保持在 2 400 万吨，出口额于 2015 年降至 76.4 亿美元（图 3－3）。但巴西仍保持了全球最大食糖出口国的地位，出口量约占全球的 44%。

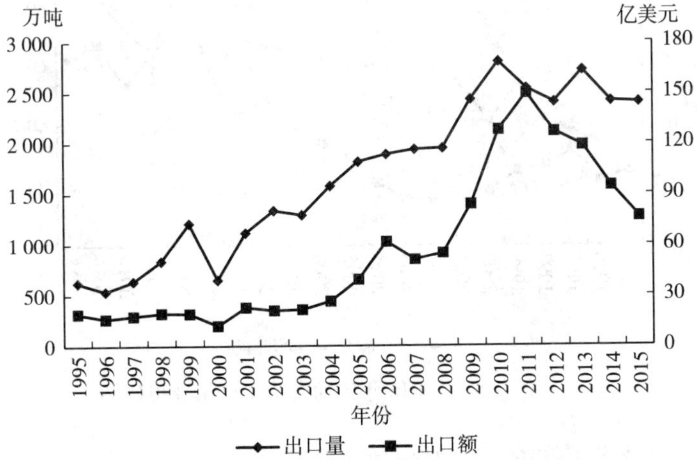

图 3－3　1995—2015 年巴西食糖出口量及出口额

巴西大力发展生物乙醇产业，将部分甘蔗用于生产酒精，具体转化比例取决于食糖及石油之间的比价。随着国内生物乙醇产业的发展，巴西也成为酒精出口大国，近年来酒精出口额均在 10 亿美元以上，2008 年和 2012 年突破 20 亿美元。

（五）咖啡

咖啡是巴西传统优势出口产品，出口量长期居世界首位，近年来咖啡出口在高位继续增长。1995 年巴西咖啡出口量 78.8 万吨，出口额 24.6 亿美元，占当年巴西农产品出口额的 17.8%。到 2015 年，巴西咖啡出口量增至 209.1 万吨，出口额增至 61.6 亿美元（图 3－4）。巴西咖啡出口量约占全球出口总量的 22.3%，稳居全球首位。

（六）橙汁

巴西橙汁出口总体呈增长态势，但增速低于上述其他产品。1995—2015 年巴西橙汁出口量及出口额见图 3－5。1995 年橙汁出口量 96.9 万吨，出口额 11.1 亿美元。到 2015 年，巴西橙汁出口量及出口额分别增至 200.8 万吨和 18.7 亿美元，分别占全球橙汁出口的 39.8% 和

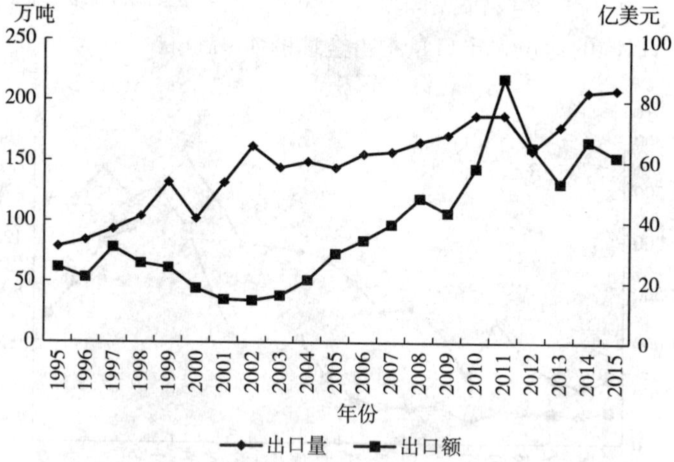

图 3-4　1995—2015 年巴西咖啡出口量及出口额

32.3%。巴西出口的橙汁主要包括“冷冻橙汁”、“非冷冻橙汁”和“其他橙汁”三类。从发展趋势看，“冷冻橙汁”出口呈下降趋势，由 2005 年的 105.9 万吨降至 2015 年的 55.8 万吨；“非冷冻橙汁”出口呈增长趋势，由 45.7 万吨增至 110.4 万吨；“其他橙汁”出口则相对稳定，基本保持在 10 万～25 万吨之间。

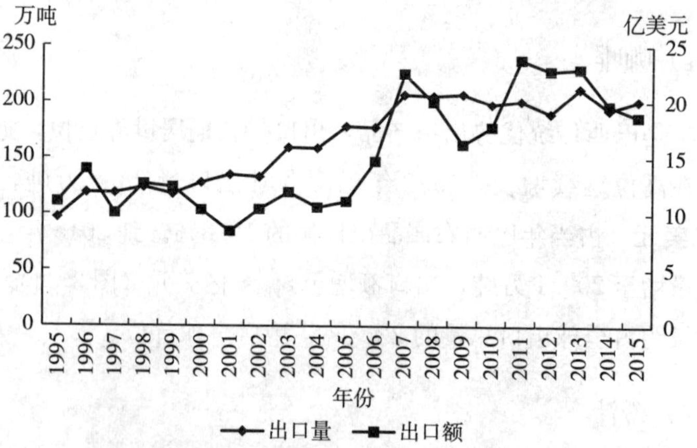

图 3-5　1995—2015 年巴西橙汁出口量及出口额

（七）牛肉

随着本国肉牛产业的发展，巴西牛肉出口迅速增长。1995 年巴西牛肉出口量14万吨，2000年增至33.9万吨，2004年已增至117.1万吨，并于2007年创下178.8万吨的历史记录，比1995年增加了11.8倍。2007年之后，巴西牛肉出口在高位波动，2012年降至140.9万吨，2 013和2014年恢复至2007年的水平，2015年再次回落至141.5万吨。牛肉出口额总体呈增长态势，由1995年的4.9亿美元增至2000年的7.9亿美元，2014年达到75.5亿美元的历史新高，2015年降至58.6亿美元（图3-6）。近几年巴西牛肉出口量略低于澳大利亚，居全球第二位，约占全球出口总量的12%。

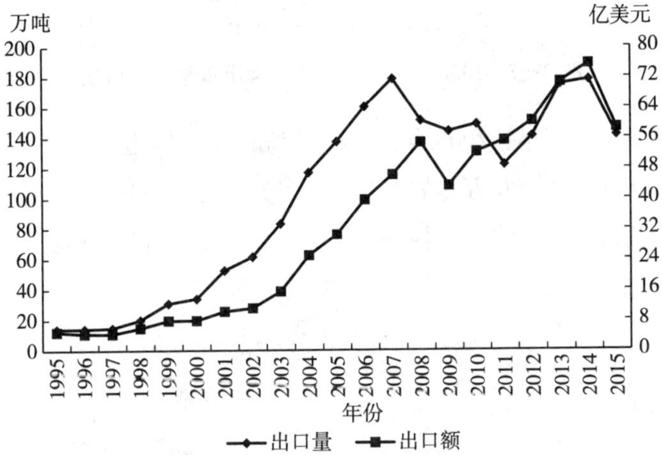

图3-6　1995—2015年巴西牛肉出口量及出口额

（八）猪肉

巴西猪肉也呈现快速增长态势。1995年巴西猪肉出口量5.8万吨，出口额1.4亿美元，2000年分别增至16.9万吨和2.3亿美元。2005年巴西猪肉出口量达到70.4万吨，此后基本在该水平上下小幅波动（图3-7）。巴西猪肉出口量约占全球的3%，居德国、美国、荷兰、丹麦、西班牙、加拿大等主要出口国之后。

（九）鸡肉

2000年以前，巴西鸡肉出口量均在100万吨以下，1995年仅24.3万吨，1999年为81.4万吨。进入21世纪以来，巴西鸡肉出口迅速增

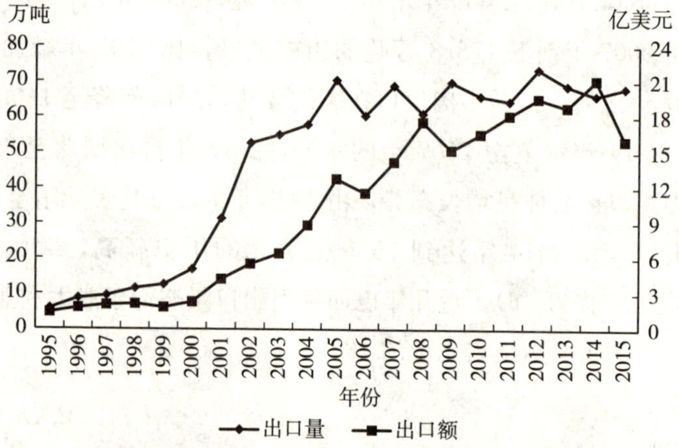

图 3-7 1995—2015 年巴西猪肉出口量及出口额

长，分别于 2001 年、2003 年、2007 年和 2015 年迈上 100 万吨、200 万吨、300 万吨和 400 万吨的新台阶。2015 年巴西鸡肉出口量 418.5 万吨，约占全球的 21.8%，居第一位。1995—2015 年巴西鸡肉出口量及出口额见图 3-8。

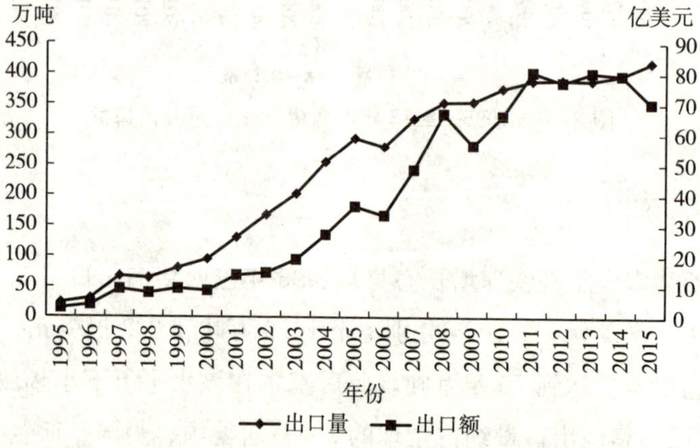

图 3-8 1995—2015 年巴西鸡肉出口量及出口额

二、主要进口产品

巴西进口的农产品主要是谷物、水产品、果蔬、乳品以及酒类。

（一）谷物

2015年巴西谷物进口额为16.9亿美元，约占其当年农产品进口额的17.1%。巴西进口的谷物主要是小麦和大米。由于纬度原因，巴西几乎不生产小麦，国内小麦消费主要依靠进口。2000年以来，小麦进口量基本保持在600万吨左右，较高时将近800万吨，较低时约为500万吨。巴西大米进口主要是弥补国内产需缺口，近年来进口量基本保持在70万吨左右。2000—2015年巴西谷物产品进口量及进口额见表3-3。

表3-3　2000—2015年巴西谷物产品进口量及进口额

单位：万吨、亿美元

年份	进口额			进口量		
	谷物	其中：小麦	其中：大米	谷物	其中：小麦	其中：大米
2000	12.8	9.1	1.3	1 079.9	773.6	73.0
2001	11.5	9.1	1.4	888.9	718.8	77.6
2002	10.9	9.0	1.1	784.9	667.7	63.9
2003	14.4	10.2	3.0	903.3	664.9	129.4
2004	10.6	7.4	2.4	637.4	489.5	92.7
2005	8.9	6.6	1.3	643.2	503.2	53.3
2006	13.2	10.2	1.7	852.7	667.9	65.3
2007	20.1	15.7	2.4	937.7	727.9	72.1
2008	26.7	21.8	2.3	825.9	672.9	44.7
2009	19.7	14.1	2.7	839.2	609.6	67.4
2010	22.9	17.5	3.8	855.3	697.7	78.4
2011	26.9	21.4	2.7	809.6	646.0	62.2
2012	26.0	19.8	3.4	893.6	709.8	74.1
2013	32.3	25.3	3.7	955.8	748.4	75.7
2014	25.2	19.4	3.0	788.0	605.4	62.5
2015	16.9	13.3	1.6	673.2	549.8	37.7

（二）水产品

2015年巴西水产品进口额12.7亿美元，约占其当年农产品进口额的12.9%。近年来巴西水产品进口总体呈增长态势，进口量由2000年的20.5万吨增至2013年的43.1万吨；进口额由3.2亿美元增至2014年的16.3亿美元（图3-9）。长期来看，随着巴西国内水产业的发展，未来水产品进口量有可能出现下降。

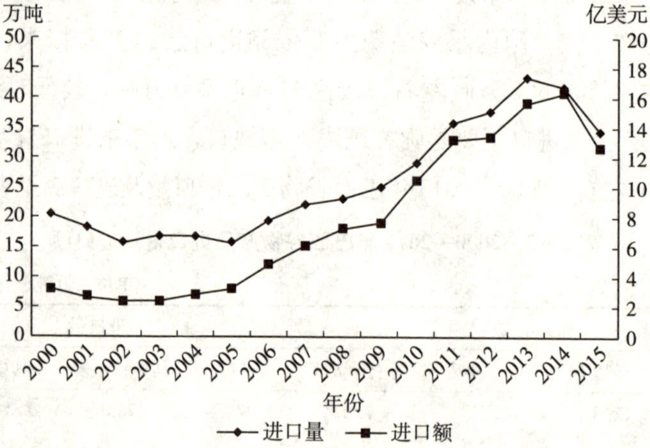

图3-9　2000—2015年巴西水产品进口量及进口额

（三）果蔬产品

2015年巴西水果和蔬菜进口额分别为8.5亿美元和9.5亿美元，分别占其当年农产品进口额的8.6%和9.7%。近年来巴西水果进口量基本稳定在60万吨左右，进口额基本保持在10亿美元左右。蔬菜进口发展态势与水果相似，进口量基本稳定在90万吨，进口额基本保持在10亿美元。2000—2015年巴西果蔬产品进口量及进口额见表3-4。

表3-4　2000—2015年巴西果蔬产品进口量及进口额

单位：万吨、亿美元

年份	进口额		进口量	
	水果	蔬菜	水果	蔬菜
2000	2.6	2.6	27.5	35.3
2001	2.3	2.4	29.6	38.9
2002	1.9	2.1	27.0	37.6
2003	1.6	1.9	20.7	42.9
2004	2.0	2.4	22.0	48.9
2005	2.6	2.9	30.2	52.0

（续）

年份	进口额		进口量	
	水果	蔬菜	水果	蔬菜
2006	3.6	3.3	36.3	54.5
2007	4.3	4.3	36.9	52.9
2008	5.2	5.5	35.4	62.8
2009	5.7	5.6	41.9	63.8
2010	7.0	9.5	52.0	86.4
2011	9.3	9.3	62.9	79.4
2012	9.7	8.5	57.4	79.0
2013	10.5	11.3	59.3	100.7
2014	11.3	10.2	63.8	86.7
2015	8.5	9.5	52.9	94.4

（四）乳品

长期以来，巴西乳业产不足需，存在一定数量的进口。近年来巴西国内乳业生产发展迅速，乳品进口呈下降趋势。1995—2015 年，巴西乳品进口量由 46.1 万吨降至 13.4 万吨，进口额由 6.4 亿美元降至 4 亿美元（图 3-10）。预计随国内乳业发展巴西未来乳品进口会进一步降低。

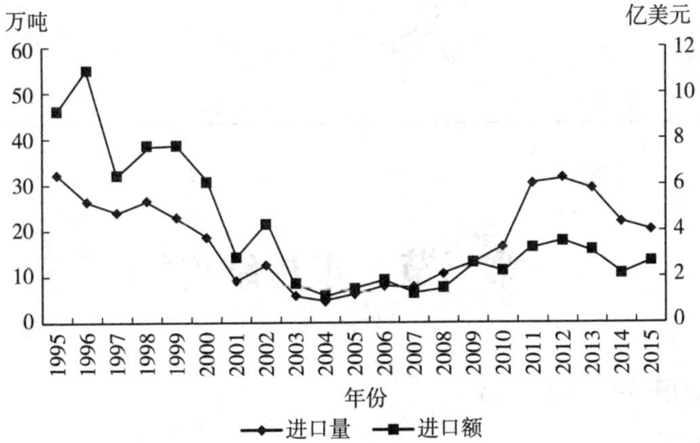

图 3-10　1995—2015 年巴西乳品进口量及进口额

（五）酒类及酒精

2015年巴西酒类及酒精进口额7.7亿美元，占其当年农产品进口额的7.8%。进口的主要是葡萄酒、酒精、烈性酒及少量啤酒。2000—2015年巴西酒类及酒精产品进口额见表3-5。

表3-5　2000—2015年巴西酒类及酒精产品进口额

单位：亿美元

年份	酒精及酒类	葡萄酒	酒精	烈性酒	啤酒
2000	1.4	0.8	0.1	0.5	0
2001	1.8	0.7	0.4	0.6	0
2002	1.1	0.6	0	0.5	0
2003	1.2	0.7	0	0.5	0
2004	1.4	0.9	0	0.5	0
2005	1.7	1.0	0	0.6	0
2006	2.3	1.4	0	0.8	0
2007	2.8	1.8	0.1	0.9	0.1
2008	2.9	1.9	0	0.8	0.1
2009	3.0	2.0	0.1	0.9	0.1
2010	4.3	2.5	0.5	1.2	0.2
2011	13.3	3.0	8.5	1.5	0.4
2012	9.0	3.0	3.9	1.7	0.5
2013	6.0	2.9	1.0	1.8	0.4
2014	7.7	3.3	2.5	1.6	0.5
2015	7.7	2.9	2.8	1.5	0.6

第三节　市场结构

一、主要出口市场

巴西农产品出口市场分布较为分散，主要的出口目的地集中在欧洲、美国及东亚国家。近年来巴西对中国农产品出口持续快速增长，中国自2008年以来稳居巴西最大农产品出口市场的地位。2015年巴西前6大农产品出口市场分别为中国、荷兰、美国、德国、日本和俄罗斯，出口额分别为185.8亿美元、40.1亿美元、38.5亿美元、24.7亿美元、22.8亿美元和22.5亿美元，占其农产品出口额的比重分别为25.2%、5.4%、5.2%、3.4%、3.1%和3%。近年来，巴西对6大农产品出口市场的出口额合计占其农产品出口总额的40%左右，详见表3-6。

巴西对中国出口的主要产品是大豆、豆油、肉鸡、牛肉、食糖和棉花；对荷兰出口的主要产品是豆粕、大豆、橙汁、牛肉、肉鸡和火鸡；对美国出口的主要产品是咖啡、酒精、食糖、橙汁、牛肉和胡椒；对德国出口的主要产品是咖啡、豆粕、大豆、肉鸡；对日本出口的主要产品是肉鸡、玉米、咖啡、大豆和橙汁；对俄罗斯出口的主要产品是猪肉、牛肉、食糖、大豆、肉鸡和咖啡。

表3-6　2000—2015年巴西对主要农产品出口市场的出口额

单位：亿美元

年份	中国	荷兰	美国	德国	日本	俄罗斯	合计	占比
2000	4.4	18.4	12.6	9.1	6.6	4.1	55.3	42.0%
2001	6.5	20.3	11.1	11.3	7.3	10.8	67.3	40.5%
2002	10.5	21.6	13.5	11.2	7.8	12.1	76.7	43.9%
2003	17.1	27.9	16.9	14.6	8.2	14.2	98.9	45.5%
2004	23.4	32.7	19.8	17.5	11.2	15.3	119.9	42.2%
2005	24.0	33.9	21.1	16.5	14.3	27.1	136.9	42.4%
2006	28.2	34.0	32.4	18.2	11.8	31.3	155.8	42.1%
2007	36.0	45.8	31.0	21.1	14.7	33.6	182.2	40.5%
2008	67.1	54.9	35.7	27.7	21.4	41.6	248.3	42.5%
2009	74.4	43.6	26.7	25.1	16.1	27.7	213.5	38.9%
2010	93.5	43.0	31.1	24.2	21.1	40.4	253.2	39.7%
2011	146.4	52.0	46.4	31.8	32.5	40.2	349.1	42.6%
2012	159.6	50.2	48.0	28.6	32.6	28.7	347.7	41.9%
2013	205.0	58.9	45.5	23.8	31.9	27.2	392.3	45.3%
2014	193.4	51.1	43.3	31.6	25.7	36.3	381.5	46.1%
2015	185.8	40.1	38.5	24.7	22.8	22.5	334.4	44.9%

二、主要进口来源地

作为南方共同市场的成员国，巴西主要的农产品进口来源地基本限于南美国家。近几年自美国和中国的农产品进口有所上升。2015 年巴西前 6 大农产品进口来源地分别为阿根廷、智利、美国、中国、乌拉圭和巴拉圭，进口额分别为 27.4 亿美元、9.3 亿美元、9.0 亿美元、6.5 亿美元、6.1 亿美元和 5.4 亿美元（表 3－7），占其农产品进口额的比重分别为 27.9%、9.5%、9.2%、6.6%、6.2%和 5.5%。自前 6 大进口来源地的进口额占巴西农产品进口总额的比重基本稳定在 70%左右，集中度明显高于出口市场分布。

巴西自阿根廷进口的主要产品是小麦、大麦、麦芽、马铃薯、奶粉以及梨等温带水果；自智利进口的主要产品是哲罗鱼、鲑鱼等水产品，葡萄酒以及水果；自美国进口的主要产品是小麦和酒精；自中国进口的主要产品是鳕鱼等水产品以及大蒜等蔬菜产品；自乌拉圭进口的主要产品是奶粉、麦芽和小麦；自巴拉圭进口的主要产品是小麦、大豆和牛肉。

表 3－7　2000—2015 年巴西自主要农产品进口来源地的进口额

单位：亿美元

年份	阿根廷	智利	美国	中国	乌拉圭	巴拉圭	合计	占比
2000	19.7	1.4	2.7	0.3	3.2	3.1	30.4	70.6%
2001	16.6	1.3	2.1	0.2	2.5	2.7	25.4	70.7%
2002	14.3	1.2	3.0	0.3	2.6	3.5	25.0	71.2%
2003	15.0	1.3	3.6	0.3	3.1	4.5	27.7	72.9%
2004	14.6	1.5	3.1	0.4	2.6	2.6	24.8	70.1%
2005	14.4	1.8	2.2	0.7	2.4	2.6	24.2	67.2%
2006	19.4	2.6	2.8	1.0	3.1	2.2	31.1	67.7%
2007	25.7	3.3	4.0	1.3	4.1	3.2	41.5	67.5%
2008	31.6	3.9	6.9	3.2	5.3	4.8	55.6	67.6%
2009	25.0	4.5	3.8	2.5	8.1	4.6	48.5	66.7%
2010	30.5	6.1	5.6	5.0	9.7	4.3	61.1	67.2%
2011	41.2	6.8	16.0	6.6	9.9	4.5	85.1	69.7%

（续）

年份	阿根廷	智利	美国	中国	乌拉圭	巴拉圭	合计	占比
2012	37.0	8.3	8.6	7.2	10.5	7.4	79.1	67.0%
2013	32.9	10.3	18.2	9.1	9.0	7.7	87.2	68.5%
2014	27.5	10.9	16.5	6.7	10.4	8.3	80.3	64.7%
2015	27.4	9.3	9.0	6.5	6.1	5.4	63.8	64.7%

第四章
巴西农业经济及其管理

作为南美大陆的主要构成部分，巴西有着悠久的农业耕作与经营历史。巴西具有优越的自然地理条件，良好的气候条件、充裕的土地资源、多样的生物资源为农业发展奠定了坚实的基础。在历史上，巴西就是一个重要的农产品生产国和出口国。第二次世界大战后，巴西进入经济发展的黄金时期，工业化水平不断提高，这推进了本国农业生产的技术水平，农业生产效率与效益显著提高，农业也成为巴西经济的重要支柱。近年来，巴西坚持农业出口导向，努力打造具有国际竞争力的农业产业，农产品出口总额居世界前列，农业进出口顺差数额相当高，农业的快速发展还提供了新的就业岗位，占全部新就业岗位的37％。今天，巴西仍然是世界主要农产品生产国和出口国之一，在世界市场上占有相当重要的地位。

第一节　农业经济发展史

作为南美大陆的主要构成部分，巴西有着悠久的农业耕作与经营历史。在16世纪初期葡萄牙殖民者到来之前，也就是巴西历史所谓的史前时代，在巴西这块广袤的土地上，土著的印第安人依托着巴西富饶的土地资源与有利的气候条件，从事着较为原始的农业生产活动，主要是种植玉米、甘蔗等作物，以及森林采伐业，方式多数是刀耕火种，基本上是靠天收，鲜有明确与系统的科学规划。不管是居住在大草原地区的群落，还是生活在亚马逊森林的部族，均以此延续自己的生活，将农业作为安身立命之所在。尽管如此，史前时代的巴西农业为以后巴西农业经济确定了基调，或者说之后巴西农业与这段农业经营史有着千丝万缕的联系。

1500年，葡萄牙殖民者的到来及其对巴西的大规模移民，改变了巴西历史发展进程，在农业经济发展方面表现明显。在巴西历史上的殖民地时期，巴西农业经济的重要特征是形成以奴隶劳动为基础的大地产制。1532年，当马丁·阿丰索·索萨在圣文森特建立葡萄牙在巴西的第一块殖民地时，对土地的占有就成了财富和地位的象征。在之后的几年里，巴西沿海被分成13个管区，各管区作为世袭领地分封给封建主，跟随封建主前来的移民所分得的土地称为份地。由于巴西沿海优越的自然条件和国际市场的良好销路，巴西沿海的肥沃土地很快被划分成巨大的甘蔗种植园，内地的大片份地上也建立起大牧场。在几代人的时间里，许多原来分配的土地发展成为大地产。就曾经有位总督指出，巨大的地产往往使用不当，只有部分用来耕种，有些地区需要进口他们完全能够生产的粮食，这就妨碍了巴西农业的发展。除甘蔗种植园外，殖民者又发展了有利可图的烟草、棉花和咖啡种植园。种植园经济的发展，是建立在印第安人和非洲黑人奴隶劳动的基础之上的。直到1888年废除奴隶制后，奴隶才获得自由。殖民地时期的土地制度特点可以归纳为：以奴隶制为基础的、以甘蔗种植园为特色的大地产制的盛行。

1889年，巴西发生政变，推翻葡萄牙法统的佩德罗二世，建立了共和国，巴西迈入了真正独立的大门，但农业经济发展依旧缓慢。19世纪中期以后，咖啡种植园逐渐兴起，逐步代替了甘蔗种植园在国民经济中的重要地位。从1894年正式开始了代表咖啡利益集团的“保罗”人的统治时期。虽然这一时期自由劳动开始兴起，但大地产制并未因此改变。在旧共和国时期，任何一届政府都未承认印第安人的土地权利，也未拨出任何土地供他们使用。土地依然高度集中于大地产主手中，中小地产在农村中占的比重很小。在1920年的普查中，只有不到3%的农民拥有地契，而土地拥有者中10%的人却控制了75%的土地。同中南部地区相比，东北部地区的经济发展缓慢，向自由劳动的过渡经历了漫长的过程。这个时期，整个国家的土地集中程度进一步加强，农业经济步履维艰。

1930年代表新兴工业中产阶级力量的民众主义领袖热图利奥·瓦加斯政变上台，对巴西南部、东南部各州的土地寡头势力进行严重打击。巴西政权的中心从农村移到了城市，这次革命被称为巴西新旧农村结构的分水岭。面对巴西高度集中的土地状况，瓦加斯及其以后的几届民众主义政府都采取了一些相应的改革措施。1946年宪法第147条提到“促进财产的公平分配，并保障一切人之机会均等”。但在1854—1962年的100多年中，巴西历届政府均未制定过完整的土地法律。1947—1962年，各种政治力量曾提出过45个关于土地改革的提案，但都没有被特权阶层把持的议会通过。古拉特总统在1962年的国情咨文中指出，土改是一项“不能再拖延的任务”。但是，他的激进民族主义改革方案不能为国内外右派势力所接受，最终他的政府被军人政变所推翻。这一时期巴西农村中并存着前资本主义和资本主义的大庄园、大种植园，农村中的贫富分化不断加剧。1964年政变上台的军人政府起草公布的《土地章程》，是对土地改革起指导作用的纲领性文件。20世纪80年代，巴西恢复文人政府后，土改再次面临重重困难。由于外国投资的大庄园、大农场数量增多，绝大多数农民缺少耕地，生活状况日趋贫困化。1990年《巴西时报》在总结萨尔内总统的土改成绩时指出，在他执政的5年中，共向717个农场征收土地469.3万公顷，为11.5万户无地农民颁发土地证书，但无论是征收土地的数量、还是安置农民的数量，都只相当于原来计划的10%。

第二次世界大战后很长一段时期内，巴西从国家发展战略考量，重点推进工业化建设，忽视农业的发展。工业化成就现代化是第二次世界大战后各国的共识，也是为西方发达国家实践所证实。巴西着重发展工业，特别是飞机制造、采矿等重工业，巴西经济发展迅速，被颂为创造了“经济奇迹”。战后以来，随着巴西工业化的发展和1956—1960年与1968—1973年的两次经济飞跃，巴西从一个落后的农业国变成一个新兴工业国。1984年国民生产总值为2 272.8亿美元，人均国民生产总值达1 710美元。经济实力从世界第50位，跃居为第9位，成为发展中国家经济实力最强的国家之一。

但是农业的缓慢发展带来严重的后果，特别是国民经济比例失调，食品短缺，农产品的出口远远不能满足大量进口工业制品及原燃料的需要，国际贸易逆差严重。面对这种情况，1975 年起，巴西进入经济调整时期，把发展重点放在某些薄弱部门。70 年代末，巴西政府宣布："农业是国家首位的重点项目，是解决国家经济问题的唯一出路。"1980 年，为了配合农业现代化的要求，巴西政府制定了国家灌溉计划，积极发展水利工程，经过数十年的努力，全国新建灌区近 1 000 个，新增灌溉面积 1 000 万公顷。同时，巴西政府还鼓励农场主与农民自行修建灌溉系统，并为其提供 50%的建设资金支持。在整个 80 年代，巴西农业发展迅速，1985 年国内生产总值增长 8 %，其中工业增长 8.2%，农业增长 8%，农业与工业几乎同步。1974 年巴西谷物产量 3 304 万吨，次于中国、美国、印度、苏联、法国、加拿大居世界第七位。其中玉米 2 117万吨，占世界总产量的 4.7%，次于美国、中国居世界第三位。大豆产量 1 525 万吨，占世界总产量的 16.8%，仅次于美国居世界第二位。经济作物中，咖啡、甘蔗、剑麻、蓖麻、香蕉等的产量均居世界首位。可可、柑橘产量居世界第二位。烤烟、棉花、木材等的产量亦居世界前列。畜牧业具有相当大的规模，1984 年肉类产量 484.7 万吨，其中牛肉 229.3 万吨，次于美国、苏联、阿根廷，居世界第四位。牛、猪、马等的饲养头数均居世界前列。农业的发展，使农产品的出口大幅度增加，1970—1980 年，农产品出口额增加了 4 倍多，80 年代，农产品出口额达 10 亿美元以上，超过了澳大利亚，成为世界上仅次于美国的第二大农产品出口国。咖啡、烟叶、大豆、食糖、柑橘汁、剑麻等的出口均居世界前列。

进入 20 世纪 90 年代以后，巴西农业经济在之前基础上得到更大发展。1996—2006 年，巴西全国的粮食产值从 230 亿雷亚尔（按 1994 年汇率换算，1 雷亚尔＝1 美元）上升到了 1 080 亿雷亚尔，增幅为 365%，巴西农产品产量的提高幅度令人震惊，比如众多农产品出口世界第一：咖啡、甘蔗和柑橘出口量世界第一大，咖啡、甘蔗、木薯和柑橘产量居世界之首，橙汁占世界市场的 85%；大豆、玉米产量名列全球第二，是世界第三大糖果生产国。巴西还是世界最大的奶制品、甘蔗、乙醇出口国以及世界最大的烟叶出口国。巴西农业出口有很强的创汇能力，年出口创汇 1 200 多亿人民币。尽管 1947 年至 1992 年农业在国内生产总值中的比重从 27%降至 11%，但农业在巴西国民经济中仍占据重要地位。50 年来，特别是 20 世纪 80 年代以来，巴西农业有了长足进步，1980 年至 1995 年增长了 47%，1995 年增长率达 6.1%。巴西农业的发展已成为克服债务危机和复兴经济的重要因素。

进入 21 世纪以来，巴西农业技术发展较快，为农业经济的发展创造了有利条件。巴西对农业经济的重视加强，农业现代化程度明显提高，集约化经营方式出现，这些为未开发的耕地利用提供了重要的基础。尤其是 1998 年的经济危机，对巴西经济冲击较大，巴西政府将经济发展的眼光转移到农业上，鼓励农民、企业参与土地开发，对新开垦的土地提供政策、税收优惠。从 2000 年至今，巴西全国的耕地面积增加了 50%，耕地总面积从最初占国土面积的 7%上升到了 12%。长期以来，巴西有 2 亿多公顷的稀树草原未获有效利用。巴西政府原先制定了开发稀树草原的宏大计划，到 2012 年，草原开发计划中新开垦的耕地有近 1 000 万公顷，新开辟的牧场约有 1 500 万公顷。

第二节　农业经济现状及农业产业化经营

一、巴西农业经济现状

巴西有着优越的地理位置，良好的气候条件，充裕的土地资源以及相对便利的交通设施，这为巴西农业发展奠定了坚实的基础，农业也成为巴西经济的重要支柱。近年来，巴西坚持农业出口导向，努力打造具有国际竞争力的农业产业，农产品出口总额居世界前列，农业进出口顺差数额相当高，农业的快速发展还提供了新的就业岗位，占全部新就业岗位的 37%。在历史上，巴西就是一个主要的农产品生产国和出口国，在世界市场上占有相当重要的地位。今天，巴西仍然是世界主要农产品生产国和出口国之一。巴西的农业人口约 3 540 万人，占全国总人口的

21%，农业劳动力1 150万，约占劳动力总数的22%，如果算上农业的相关产业，就业的劳动力占劳动力总数的40%。近年来农业总产值占GDP的35%左右。巴西的国土面积为851.2万平方千米，居世界第5位，耕地面积人均占有量为0.3公顷。巴西主要种植水稻、大豆、木薯、甘蔗、小麦、马铃薯、玉米等。蔗糖、咖啡、柑橘产量居世界首位，可可产量居第2位，玉米产量居世界第3位；70%的耕地种大豆和玉米，大豆产量占世界总产量的20%；畜牧业人均1头牛，牛肉生产量居世界第4位，牛肉出口量居世界首位。

巴西农业资源主要分布在两个地区：一是南部，大约占国土面积一半，包括半温带地区和热带雨林地区，土地肥沃、基础设施雄厚、高科技投入大，熟练农业劳动力资源丰富。该地区生产了巴西大部分的谷物、经济作物和出口粮食。另一个地区是东北部亚马逊平原地区，雨量分布不均、土地肥沃、基础设施充足、资本雄厚，是林产品、可可、热带水果的重要出口基地。巴西高原南部的亚热带地区，四季气候分明，分布着腐殖质含量很高的红化黑土，是农作物单产较高的地区，也是巴西谷物和大豆的集中产区。巴西不仅拥有世界著名的亚马逊热带雨林，起着调节气候的作用，还拥有约300万公顷的亚马逊平原，占国土面积近1/3，加上日照充足，雨水充沛，全国大部分地区年降水量为1 500～2 000毫米，而且降水均衡，旱涝灾害少，适于各种农作物生长，是世界上适于农、林、牧、渔各业全面发展的少数国家之一。

巴西当前实际利用耕地面积5 000万公顷，占国土面积的6%，有近15%的土地用于牧业，土地利用系数低，开发前景好。近20年来，巴西的耕地面积每年递增1.84 %，还处在“拓展农业边疆”的发展阶段，外延发展的潜力极大。但由于灌溉面积有限，农业产量受到气候影响较大。

如大米的单产约为200千克/亩[①]，小麦的产量159千克/亩，这远远落后于欧美农业发达国家，也落后于中国、印度等亚洲国家。

---

① 亩为非法定计量单位，1亩=1/15公顷。——编者注

巴西由于人少地多，耕作自然比较粗放，很多农作物都是广种薄收，水稻、小麦、玉米、棉花等主要农作物单产均低于世界平均水平，如2000年小麦单产，世界平均为2 706千克/公顷，巴西为1 858千克/公顷，仅为单产最高的荷兰（8 554千克/公顷）的21.7%；玉米单产，世界平均为4 336千克/公顷，巴西只有2 746千克/公顷，仅为单产最高的新西兰（10 115千克/公顷）的27.1%。因此，作物生产的潜力还很大。

同样的，当前巴西土地集中现象依然较为明显。其中，占农户数0.86%的大庄园主（占地1 000公顷以上）占有全国48%的土地，许多庄园主土地规模达几万公顷乃至几十万公顷。另一方面，85%的农户（占地50公顷以下）只占13%的土地。这种两极分化的土地占有制，导致1 000多万农民没有自己的耕地，严重制约着生产水平的提高。巴西全国分为5个经济地理区，即东南部、南部、北部、东北部和中西部。前两个地区属经济发达地区，其农业发展不亚于发达国家。但北部、东北部的四个州地广人稀，每公顷多则20人，少则不足2人；交通落后，基础设施差，远离城市；农业生产率低，农民生活水平相对较低。

总之，巴西有着发展农业经济的多方面优势，只要有合理及有效的政策就可以为今后农业经济发展铺平道路。一是巴西拥有优质高产良田3.88亿公顷，其中9 000万公顷尚未开发利用，还有2.2亿公顷的牧场，为农牧业发展提供了充足的土地。二是巴西巴西地处亚热带和热带，湿润多雨，大部分地区年降水量2 000～3 000毫米，国内有亚马逊、巴拉那和圣弗朗西斯科三大水系，水力资源丰富，保证了农作物生长的水热需求。三是森林面积巨大，占国土面积的65%，远高于世界平均水平。广阔的森林不仅是宝贵的林业资源，还能涵养水源、调节气候、净化空气，利于巴西农业发展。四是巴西有着巨大的人口总数，劳动力资源丰富。五是世界市场对于粮食的需求巨大，有利于巴西农产品的出口，且国内需求不断更加。总之，巴西的自然条件与人文条件适合各种农作物生长，是世界上少数适宜农、林、牧、渔业全面发展的国家之一。

二、巴西农业经济特点

巴西农业在长期的发展过程中，具有多方面的特点，其中既有巴西农业发展中的不足之处，也有其独具特色的发展模式。

第一，农业资源利用率较低，增产潜力很大。巴西的农业资源得天独厚，土地资源、生物资源、水资源等都十分丰富。巴西仍处在“拓展农业边疆”的发展阶段，耕地面积仍在不断扩大。巴西中西部著名的“稀树草原”占全国土地面积的21%，其国家可耕地总面积为2.8亿公顷。近20年来，巴西的耕地面积每年递增1.84%，从3 440万公顷扩大到现在的4 950万公顷，但仍只占到国土面积的6%，人均0.3公顷(4.75亩)。巴西农业增产的潜力极大，甚至有专家认为，巴西将是“21世纪的世界粮仓”。

第二，大庄园主农业和小农并存，地区发展极不平衡。巴西的土地占有状况极不均衡。全国的良田大部分掌握在大庄园主手里，其规模大得惊人，最大的可以达到几万、甚至几十万公顷。他们经营现代化的商业性农场，以生产大豆、甘蔗、咖啡、可可等出口农产品为主。另一方面，占农场总数85%的是自给性小农，以生产木薯、黑豆等为主，劳动生产率和经济收入都很低。此外，巴西还有无地的农民1 200万，他们生活在社会的底层，多半仍处于赤贫状态。巴西的地区发展也很不均衡。在经济发达的南部、东南部地区，采用现代科学技术和经营管理方法，有大量的资本投入。东北部和中西部地区是巴西的欠发达地区。特别是东北部，虽有不少河流湖泊，但是没有灌溉系统，由于气候干旱，农业基本上“靠天吃饭”，是全国最落后的地区。欠发达地区的小农主要依靠传统的耕作方式，有的甚至刀耕火种，对资源的破坏相当严重。

第三，以合作社为基础的产业化运作。农业合作社是巴西主要的农业行会组织，其任务是向农户提供农业生产、农产品出门的咨询服务与技术帮助，组织个体生产者联合向国外市场销售农产品等。这些合作社组织以专业性合作社为主，相当于非营利性的民营公司，实行股份制，每个社员拥有一定的股份，但持有额有数量限制。农业合作社注重保护农民的生产自主权，带动了地方特色经济的发展。巴西现有各类合作社约 4 000 个，涉及农牧业、消费服务、劳动、信贷、卫生、电力、通信等 12 个领域。合作社在推动巴西农业产业化、实现供销一体化方面发挥了积极作用，促进了农业生产、农产品加工与销售的规模化经营，形成了良性发展的格局。

第四，以出口为导向的外向型农业经济。巴西出口的农作物品种主要有玉米、大米、大豆、蔬菜、小麦、烟草等，鉴于其优越的自然条件和丰富的劳动力资源，巴西农产品在国际市场上的比较优势突出。巴西政府高度重视农业出口创汇，采取鼓励和扶持农业出口贸易的政策，制定了一系列利于农产品出口的优惠措施，如农产品可自由出口，政府不加以干涉；按照市场原则指导农产品出口，政府不设定关税限制等。通过与其他国家签订自由贸易协议，进行双边及多边贸易谈判等方式，在一定程度上减轻了进口国针对巴西农产品的贸易壁垒，从而促进了巴西农产品的出口。大量农产品出口不仅提高了巴西的农业收入，改善了农业基础设施，并且通过长期积累形成了品牌优势，促使巴西农业生产力和国际竞争力不断得到提升。

第五，以农业科技创新为动力。巴西注重提高农业生产的科技水平，始终以科技为支撑，大力发展科技含量高、附加值高的农作物品种和产业。在农业科技研发中，以合理利用资源为原则，以满足消费者需求为目标，以提高农产品产量和质量为核心，在选择适宜品种、培育优质高产作物、农业生物技术、作物病虫害防治等方面开展研究，并取得了丰硕成果。早在 20 世纪 80 年代中期，巴西就制定了国家生物技术计划，农业生物转基因技术研究较为成熟，并得到广泛运用。此外，巴西农业机械化水平较高，大部分农场都实现了机械化生产，不仅大型农场拥有各种自动化收割、播种设备，中小型农场也配备了各种依靠畜力或人力的小型机械。农业机械的大规模使用，大大减轻了农民的劳动强度，提高了生产效率，并且有利于农业集约化经营。

第六，农业社会化服务体系健全。巴西农业服务体系健全，政府致力于为农民提供各种生产指导和技术支持。各种类型的农业联合体，是巴西主要的农业技术推广组织，负责对农户进行技术指导和信息服务。

其中供销合作社负责向农民供应生产资料，为个人生产者和农场提供农产品包装、加工、储藏、运输、销售等服务，以及市场信息、技术培训等方面的帮助；渔业合作社指导渔民购置渔业设备，对渔业产品进行深加工，并进行渔业产品冷冻、加工、运输等环节的技术培训；农村电气化合作社则筹集资金用于农村供电设施的修建，管理农业用电的收费和征税，推动区域性经济开发，以改善农民的生产和生活条件。

第七，农业发展与生态环境保持协调。巴西资源丰富，开发利用前景广阔，但在此过程中，巴西非常重视对生态环境的保护，实现农业可持续发展。根据资源分布情况，对资源开发利用进行统一部署，按照地域划分不同作物的种植区域，尽可能保证作物品种的多样性。同时设立若干资源保护区，禁止开发这些区域内的珍稀资源。大力推行植树造林，鼓励农民种植果树和经济林木，既能保护植被，防止水土流失，又能增加农民收入，促进多种农业经济良性发展。重视农村基础设施和水利工程建设，指导农民种植绿肥作物，以改良土壤及增加土壤肥力，并提供资金和技术支持。推行"提高小农生活质量计划"，资金主要来自世界银行贷款，目标是推广先进的农业生产技术，改变以往掠夺式的农业经营方式，促进水土资源的可持续利用。

三、巴西农场的专业化经营、区域专业化经营及农业的产业化经营

大庄园土地占有制度是巴西农村社会经济关系的基础。全国的良田大部分掌握在大庄园主手里，其规模大得惊人，据 1967 年的统计，拥有土地 100 公顷以上的地主占农户总数的 12.2%，100 公顷以下的土地所有者占农户总数的 87.8%，土地在 1 000 公顷以上的大地主占农户总数的 1%。1985 年，占地 0～50 公顷的农户占农户总数 82.4%，耕地总面积仅占 13.2%，这种土地高度集中于少数人的制度，导致全国 1 200万农民没有自己的耕地、870 万农民收入低于政府规定的最低标准。虽然这种大庄园土地占有制导致了许多社会问题，但它为农业的规模化经营提供了条件。巴西的农业雇佣劳动力约占全国总劳动力 22%，

这些人大部分都在大型农业企业或大庄园工作。近年来，巴西政府为了社会稳定，除给50多万户无地农民分配土地外，还提供一定额度的贷款，供其购买农机和发展生产。

巴西政府在发展农业的进程中，注重引导农户走专业化生产和规模化经营的道路。巴西农科院在综合分析巴西近40年土壤、气候、植被、雨量等有关数据的基础上绘制出“巴西宏观生物图”，并在各州政府的支持下绘制出“巴西各地区农牧业和农牧加工业发展及环境保护行动规划图”。政府以此为依据指导农户进行专业化生产。农产品生产专业化程度非常高，一般的农场（户）只生产一到两个产品。如有的农场专门生产大豆种子。这种专业化的组织生产有利于专门机械的使用和专项技术的发展，提高了生产效率和产品质量，大大增强了巴西农产品的市场竞争力，使巴西在较短的时间内成为农产品的出口大国。

第三节　农业公共管理体系概况

一、管理体系

巴西农业公共管理体系的建设第一步是加强农业公共管理。巴西有可耕地2.8亿公顷，目前有80%以上的耕地尚未开发利用。为此，巴西政府早在1970年就制定了全国一体化的农业开发计划，采取了靠扩大耕地面积提高农产品产量的发展道路，主要是扩大经济地区边界，开发利用地广人稀地区的可耕地，并实施了一系列政策：①设立地方开发银行和特别基金，增加开发区的资金供应，1997年以来降低了对作物贷款的利率，并拨出10亿美元贷款，其中20%用于生产费用，80%用于基本建设投资费用；②在国家进行投资的同时，利用财政刺激的办法鼓励私人向落后地区投资；③加速改善开发地区交通运输条件和基础设施，实行“北方农产品出口长廊建设计划”和“北部地区灌溉计划”等；④利用外国的资金与技术加速开发。在利用外资方面，日本、美国是巴西最大的合作者，近年来以色列也加大了投资。

其次是加强农产品质量产品管理。巴西于20世纪80年代中期制定了国家生物技术计划，在农业生物技术方面，转基因技术已经成熟并广泛运用。特别是巴西的大豆转基因已于1999年成为成熟技术，受到全世界的关注。1983年巴西将抗生素卡那霉素的密码基因植入烟草，取得了转基因技术研究的重大突破。到1995年，已有707种转基因植物进行大面积试种，基因控制的品种有大豆、玉米、土豆、番茄、棉花、菜豆等；基因改良的品种有西瓜、大白菜、胡萝卜、水稻、苹果、花生等。目前，正在试验用转基因植物生产预防霍乱、疟疾、猪肠胃炎的疫苗。2000年2月，巴西科技人员已经完成柑橘黄叶病菌（CVC）基因测序，从而为根治柑橘缺绿病奠定了科学基础。柑橘黄叶病菌基因测序工作的完成，使巴西成为世界上第一个完成植物病原体基因测序的国家。此项研究计划的完成，标志着巴西分子生物学的研究水平步入世界先进国家行列。2000年7月，巴西正式投产生物降解塑料——一种新型的可降解塑料。这种塑料是以蔗糖为主要原料生产出来的。据负责该研究项目的巴西技术研究院负责人鲁塞尔介绍，蔗糖经过某些化学过程变成羟基丁酸聚合物，之后掺入某种细菌，便是这种塑料的材料。普通塑料完全降解的时间为200年，生物降解塑料只需6个月，而且不会产生对人体和土壤有害的物质。

最后是加强生物安全管理。农业生态环境是自然生态环境的重要组成部分，良好的农业生态环境和对自然资源实行合理的开发利用和保护是经济、社会、生态协调发展的必要条件。在许多方面，生态与农业相互作用密不可分。巴西在开发资源的同时对加强生态保护已有了深刻的认识并已付诸实践：用大量的国土植树、种果，一方面保护植被，另一方面从果木中获得长久的回报，如柑橘的生产量占世界的一半；通过种草保护生态，而草养牛效益颇丰，牛肉产量居世界第二，年出口牛肉创汇达9亿美元。巴西的绿色农业也已经起步，且市场前景看好。最近，政府出台了有关鼓励小农户进行绿色农业生产的法令，且提供低息贷款予以支持。目前已有农户开始试种蔬菜和芸豆等，主要利用有机肥料，不用或少用化肥、农药，在实现优质高效的同时，生态环境也得到了较好的保护。巴西还加强了对生物技术领域的政策和法制管理。一是采取新举措防止生物盗版，主要是防止一些跨国公司利用合作的名义非法盗取亚马逊森林的生物物种；二是对转基因产品加强管理，对美国孟山都公司在巴西生产和销售其转基因大豆实行了禁止，并且制定出其他转基因产品在巴西生产、销售等的规章制度；三是在巴西法院明令禁止美国孟山都公司在巴西生产和销售转基因大豆的同时，巴西生物安全技术委员会（CT Bio）正式批准从美国、加拿大等国进口用作饲料的已经商业化的13个转基因玉米品种。随着研究的不断深入和有关政策法规的出台，生物技术在巴西农业上的应用将越来越广泛，并将有力地促进巴西农业的发展。

二、管理职能部门

依据巴西联邦政府法律以及农业部法律规定，不允许外国人直接在巴西购买土地，只能先在巴西注册公司，由该公司买地或租赁经营。国外资本的进入要经中央银行注册，注册后的外国资本可随时返回资本所在国，超过注册资本的返回额将被认为是外国投资者的资本收益，将征收25%的所得税。从1999年底开始，允许外国人在巴西境内设立独资公司。在巴西境内设立的合资公司，享受巴西国民待遇，在信贷、价格、税收政策上一视同仁。农业信贷有种植、投资和销售信贷等3种，其发放的基本依据是土地占有面积、农业产值、农业生产率和农业现代化水平。信贷构成分为两类，即政府信贷、商业信贷（分别占10%和90%）。政府规定，农业信贷年利率最高为12%（一般市场信贷利率为25%），对中、小生产者在利率上实行优惠，分别为9%和6%。巴西实行农产品最低保护价政策，巴西法令还规定，土地利用率在90%以上，占地2.5公顷以下，居住在农村的地主可免土地税。巴西政府充分发挥自己的比较优势，鼓励和扶持出口农业，重视创汇农业的发展。首先巴西农产品可自由出口，政府无限制，出口完全按市场法则办。全国40% 的大豆销售是通过订单，在播种时已有了订货合同。政府建立了全球农产品销售信息网，农场主借助现代通信工具，对本地、州、全国（圣保罗交易市场）和全球（美国芝加哥交易市场）的大豆行情了如指掌，有适应市场变化的能力。其次是发挥了农业行业组织的作用，全国农业联合会是农业生产者自行组织的民间机构，在州、市都设有分支，职能是自下而上收集农场主对农产品贸易的意见，供政府部门决策时参考。然后是政府的后盾作用，巴西政府通过与其他国家签订自由贸易协议，进行双边和多边贸易谈判等方式，消除了国际上针对巴西农产品的贸易壁垒，从而保证了巴西农产品的出口。出口农产品以经济作物和肉类为主，2006 年巴西农牧渔业产品出口额占全国总出口额的 36%，出口量最大的是咖啡、蔗糖、橙汁、可可、大豆及肉类。大量的农产品出口不仅增加了收入，提高了经营效益，而且形成了品牌优势，促使巴西农业生产力不断提高，竞争力不断增强。

巴西是农业资源非常丰富的国家，而且开发的历史非常短，对资源的破坏也较轻，在农业发展中基本不存在资源短缺等问题。但巴西政府和科研部门却十分重视农业资源的可持续利用，采取了各种法律、行政、技术措施促进农业可持续发展。巴西政府重视农业科技发展，把科技在农业生产中的作用提到日程上来，成立了专门的研究机构。同时，农业部加大农业科研的投入，农业科技投入占联邦政府开支的 15%。联邦政府的财政资金主要保证国际农业科研项目的研究、农业科研机构的经费和农业院校的教研经费等。同时，为了做好环境保护工作，防止农业生产带来的生态破坏与环境污染，巴西环境部采取多项措施，包括奖励绿色农业及严惩破坏生态平衡的农业生产活动。

第五章

巴西农业政策

20 世纪 50—80 年代，巴西实行向工业和服务业倾斜的“进口替代”工业化战略，这是以忽视和牺牲农业为代价的。随着“进口替代”工业化推进战略显露出诸多问题，巴西政府对政策做了调整，开始重视农业发展。为了促进农业发展以及补偿农业在工业化过程中的牺牲，巴西出台了农业低息信贷、最低保护价等一系列支持政策。全面的政策保障措施为巴西农民发展农业生产提供了资本等重要生产要素，免除了自然风险和市场波动带来的后顾之忧，在使巴西成为农业强国的过程中发挥了重要作用。

第一节　巴西农业投入和补贴

一、农业政策体系

巴西农业政策的基本目标是促进农业发展和提高农民收入。随着经济社会的发展，农业政策目标呈现出多元化的特点，如增加就业、降低区域发展不均衡性、促进经济环境可持续发展等。巴西农业支持政策历经多年，且根据实际情况发展不断调整，目前已形成了一个比较完善的体系，包括农业投入政策、农业金融政策、农业保险政策、价格支持政策等。各类政策之间并非相互孤立、截然不同，而是有交叉和配合，协同度较高。巴西现金形式的农业直接补贴不多，但通过解决农业信贷、农业保险等难题为农业发展提供了巨大的支持。在普适性政策基础上，巴西对家庭农场和中小农户给予了特殊照顾，通过出台“家庭农业发展计划”等针对性政策，使其在信贷、保险等领域享受更优惠的待遇。

二、巴西的农业投入和补贴

在20世纪70年代初期，巴西与许多其他国家一样受到粮食危机的影响，国内食品价格高涨，但以当时较少的技术储备难以继续扩大传统农区的生产，于是政府决定开发中西部贫瘠的热带草原，通过技术创新提高其土地生产率和劳动生产率。在此背景下，巴西于1973年建立了巴西农业科学院，并予以大力支持。在1974年至1982年间，巴西农业科学院经费预算增长了10倍，由7.8万美元增长到91.6万美元。此后，除1997和2002年因宏观经济原因而暂时降低外，巴西农业科学院经费预算均呈增长态势。此外，巴西对农业科技投资予以法制化，以保证投入的延续性。巴西在2001年12月19日颁布的第10.332号法令第一条第一款明确规定，国家每年要将当年税收总额的17.5%用于农牧科技项目。

三、土地整理与开发

巴西政府早在1970年就制定了全国一体化的农业开发计划，主要是扩大经济地区边界，开发利用地广人稀地区的可耕地，并实施了一系列鼓励政策。对农民、企业到内陆的中西部开发后备耕地资源实行优惠税收政策。对来自东南部的公司在中西部或者北部地区购买土地、开展农牧业生产予以减免公司所得税待遇，对亚马逊地区的土地开发活动特别是畜牧业生产提供税收补贴等。

四、农村基础设施建设

20世纪80年代，巴西政府认识到基础设施薄弱是制约巴西农业发展的重要瓶颈，开始加速改善农业基础设施。1980 年，巴西政府制定了国家灌溉计划，积极发展水利工程，经过数十年的努力，全国新建灌区近 1 000 个，新增灌溉面积 1 000 万公顷。同时，巴西政府还鼓励农场主与农民自行修建灌溉系统，并为其提供 50%的建设资金支持。2007 年，政府制定了“农村基础设施建设增长加速计划”，旨在通过吸引更多的私人投资和提高公共部门在基础设施建设上的投资，修复、铺砌、维护和建设高速公路，延伸铁路网，加强重要港口的运输能力。政府直接投资是巴西农业基础设施建设的主要方式。如州际公路到各个农场之间公共道路完全由政府出资。此外，巴西政府以财政补贴、低息贷款等优惠措施来吸引民间资本建设农业基础设施。如联邦政府为私人修建乡间公路提供低息贷款，甚至为农场内部的道路建设提供一定的政府支持。针对北方地区农业基础设施尤为薄弱的现实，巴西实施了“北方农产品出口长廊建设计划”和“北部地区灌溉计划”。

五、资助农民采用先进机械设备

为提高农业机械化水平，巴西国家开发银行专门设立了一项特别资助项目——“拖拉机和农业机械现代化计划”，这一计划向农民提供低利率的贷款供其购买农业机械。该计划贷款总金额为 8 亿雷亚尔，对年毛收入不到 15 万雷亚尔的农户，年贷款利息 9.75%（在巴西个人贷款月利息高达 9%的情况下，对农民购买农机提供的利息非常优惠），可对购买农机货款 100%贷款；对年毛收入超过 15 万雷亚尔的农户，年贷款利息 12.75%，可对购买农机货款的 80%贷款。巴西这一发放低息贷款的计划取得了非常显著的效果，既提高了农民的购买力和积极性，也极大地促进了生产的机械化和高效化。

六、积极利用外资

为吸引外国投资，巴西对农业及相关领域实行开放政策，并向外国投资者提供土地、税收、信贷等多种优惠政策。1971年，巴西政府颁发法令，允许在巴西的外国居民以及被批准在巴西营业的外国法人和外资占大股的合资企业在不影响巴西国家安全的情况下购买土地。在巴西从事农业的外国居民或企业也可享受农业信贷、农业保险、最低保障价格等支持政策。巴西丰富的农业资源及开放的外资政策吸引了大量外资。20世纪70年代以来，外资迅速进入巴西农业生产资料、农作物种植、农产品加工、出口等众多环节。目前，巴西农业机械、化肥、农药、种子等生产要素的生产和供应，粮食作物、经济作物等农产品的大规模生产种植，谷物加工、油脂、奶酪、饮料、烟草制品加工，咖啡、可可、香蕉、甘蔗等经济作物的出口等领域均有外资成分，部分产业如化肥、农机、经济作物出口等被大型跨国企业所垄断。孟山都、路易达孚、ADM等大型跨国公司在巴西农业领域拥有较强的控制力。

除了吸引企业投资，巴西还通过政府间合作为农业开发提供资金，比较突出的是与日本政府签署协议联合开发稀树草原地区。双方签署了《日本—巴西稀树草原[①]开发合作计划》（PRODECER），于1978年正式开始实施，至2001年底结束。该计划规定，日政府通过海外协力机构（Japan International Cooperation Agency）和私有银行，从两个方面连续三期向巴西稀树草原农业开发项目提供援助：一是为土壤改良、水利建设和电气化等扩大农业生产的子项目提供融资支持。二是开展日巴农业技术与环境监测合作研究，向第二、三期项目的625名外来农户（主要是日本人）提供农业技术援助。巴方出资51%、日方49%成立CAMPO农业促进集团公司作为该计划执行协调机构，通过农村合作社挑选农户开展种植，将经济合作与技术合作有机结合[②]。该计划共在巴西稀树草原地区投资12.5亿美元，开发土地约36万公顷，实施农业示范项目21个。该计划的实施极大地挖掘了巴西稀树草原地区的农业生产潜力，带动辐射物流运输、畜禽饲养、农产品加工与贸易、农业机械

① 巴西稀树草原亦称塞拉多CERRADO。
② 商务部西亚非洲司，日本—巴西农业合作开发概况及启示，http://www.shandongbusiness.gov.cn/public/html/news/201110/180019.html。

设备等相关行业的发展，目前该地区已成为巴西重要的农牧业生产基地。

第二节　巴西的农业保险政策

巴西的农业保险政策起步于1938年，然而一直到20世纪末期仍未被广泛推广，直到2003年、2004年巴西出现两次重大的自然灾害，干旱带来了大规模农作物减产，政府救急支出迅速增加，农业保险才逐渐被重视。此后，巴西政府一直加强农业保险的推广使用与投入。目前，巴西政府建立了完善的农业保险制度，为全国农业生产者提供农业、林业和畜牧业等各种保险业务。

一、农业经济活动保障计划

农业经济活动保障计划（葡萄牙语简称为PROAGRO）。主要针对获得农业信贷的农户，以防其农牧业收入受自然灾害或疾病影响而无法偿还贷款。申请加入该计划的农户需要交纳保费，费率因申请者生产规模、灌溉情况、生产者区位等情况的不同而有所差异。生产者所借的农业信贷涵盖了保费，在得到银行提供的农业信贷后向中央银行缴纳保费。联邦政府扮演了保险公司的角色，对农民遭受的损失进行补偿。在农业遭受灾害后，中央银行将通过各级银行向投保者提供最多相当于信贷全额的赔偿金。

农业企业和家庭农场均可申请该计划，但投保作物需要通过农业部组织的气候风险评估才能获批。气候风险评估是一种农业风险管理工具，它针对各地区的土壤类型提出了不同作物的最佳播种时机，目的是尽量降低气候风险。该计划由巴西央行管理，参加农业贷款体系的银行和金融机构作为代理。这些代理机构负责分析保险申请书，决定批准与否，此外还负责保费的确定和收取。该保险计划的资金来源于联邦政府的拨款及农民缴纳的保费。

二、农业保险保费补贴计划

农业保险保费补贴计划（葡萄牙语简称为 PSR）。该计划由 2003 年 12 月 19 日的 10823 号法律和 2004 年 6 月 30 日的第 5 121 号政令推出，目的是通过提供农业保险保费补贴、降低保险费成本来鼓励农民参加农业保险。种植业保险主要是预防火灾、风灾、雹灾、旱涝灾等主要气象灾害，覆盖从种到收的全过程。根据作物保险部际联席委员会于 2012 年 11 月 19 日发布的第 26 号决定，对农作物的保费补贴占保费的比重一般为 40%～70%，具体补贴比例因作物类别及所处的气候风险的差异而有所不同。每个农场每季所获保费补贴的上限为 96 000 万雷亚尔。畜产品、水产品和林产品的保费补贴率为 30%，每个农场所获保费补贴上限为 32 000 雷亚尔①。

农业保险保费补贴计划自 2005 年开始运行以来，发展十分迅速。在 2005 年，达成的投保保单仅 849 个，覆盖了 6.8 万公顷。至 2012 年，投保保单数增至 4.35 万个，覆盖面积增至 520 万公顷。同期，该计划下获批预算由 2005 年的 1 000 万雷亚尔增至 3.29 亿雷亚尔；实际使用的资金由 200 万雷亚尔增至 3.18 亿雷亚尔。

三、作物保障计划

作物保障计划（Garantia Safra）。该计划是专门向“家庭农业支持计划”范围内位于半干旱地区的小农提供的。该计划由国家农业发展部主管，具体事务由管理委员会负责，该管理委员会由家庭农民及联邦、州、市三级政府的代表组成。对于旱涝灾害导致棉花、大米、豆类、木薯、玉米收成损失高达 50%以上的地区，参加该计划的农户每年可获得至少 7 万雷亚尔的补偿②。联邦政府通过该计划提供的补助增长迅

① Izaias de Carvalho Borges，Domestic Support of Agriculture in Brazil，ICTSD 研究报告。

② Renata Garcia，Rural Insurance in Brazil，http：//thebrazilbusiness.com/article/rural-insurance-in-brazil。

速，由2004/2005作物年度的700万美元快速增至2005/2006作物年度的1 610万美元。

四、农业经济活动保障补贴计划

农业经济活动保障补充计划（PROAGRO Mais）成立于2004年，也是专门面向“家庭农业支持计划”范围内的小农户，主要为自然灾害导致的收入损失提供保障，保障范围覆盖了小农户100%的农业信贷及65%的预期收入。2014年，该计划向小农户提供的支持高达32亿雷亚尔，保费补贴比例为40%～100%[①]。

第三节　巴西的农业价格政策

一、最低价格保障政策

巴西农业价格政策中最主要的是最低价格保障政策。最低价格保障政策始于1966年，政策目标主要有两个，一是为农民提供最低收入保障，二是促进农业发展，确保国内供给。该政策的实施包括两个阶段：第一个阶段，由政府确定最低保护价，通常以总统命令的形式提出，并经国家货币理事会批准；第二个阶段，当市场价格低于最低保护价时，政府对市场进行干预，以确保农民销售的农产品至少获得最低保护价。在2011/2012年度至2012/2013年度的夏季，巴西最低价格保障政策覆盖了稻谷、玉米、大豆、棉花、木薯、大蒜、咖啡等36种产品。

该政策的执行主体是巴西国家食物供应公司。在1996年前，最低价格保障政策主要通过两种途径实施：一是联邦政府收储计划（葡萄牙语简称AGF），即当市场价格低于最低保护价时政府进行收储；二是联邦政府贷款计划（简称EGF），即当市场价格较低时政府向农民提供资

① OECD，Agricultural Policy Monitoring and Evaluation 2015，第91页。

金，使得农民能够将产品存储起来，以此度过价格低迷期。从 1997 年开始，政府开始采取一些干预性更小、更具市场导向的最低价格保障政策工具，如购销商差价补贴（简称 PEP）和农产品销售期权合约（简称 COVPA）。购销商差价补贴的运作原理为：购销商以最低保护价收购农民的产品，政府向购销商支付最低保护价与市场价格之间的差额。农产品销售期权合约是给予农民或合作社在未来某一时期以此前约定的价格向政府销售农产品的权利①。

二、农产品运输补贴政策

2002 年，政府出台了农产品运输补贴政策（简称 VEP）。该项政策主要通过公开竞价的方式向饲料企业以及畜禽企业等下游消费企业提供，以鼓励其购买指定地区的政府库存。下游企业以政府规定的最低保护价购买指定地区的政府库存并将其运输至供给短缺的地区消费，作为激励措施，政府向企业支付大体相当于最低保护价与市场价格差额的补贴。通过上述措施，政府向企业提供可以覆盖交通成本的补贴，使得库存产品对下游企业更具吸引力，从而达到了消化库存、增加短缺地区供给的目的。

三、私人销售权合约风险补贴

2004 年出台的私人销售期权合约风险补贴（简称 PROP）与由政府实施的销售期权合约运作机理相同，不同的仅仅是私人机构取代了政府收储机构的职能。在这种政策下，若期权到期时市场价格低于期权合约价格，农民将产品卖给私人机构，政府向私人机构支付风险补贴。这种政策除了降低农民面临的价格风险之外，还起到了将实际收储主体由政府向私人机构转移的功能。

---

① Izaias de Carvalho Borges，Domestic Support of Agriculture in Brazil，ICTSD 研究报告。

四、生产者平衡补贴

2005年，巴西政府出台了对生产者的平衡补贴（简称PEPRO）。这是一种差价补贴，政府向出售者（生产者或合作社）支付最低保护价和成交价格之间的差额。用这种方式，政府既向农民提供了最低保护价保障，也免于收购产品的负担，从而使产品自行由产地流向消费中心。

五、食物采购计划

巴西政府在2003年出台的食物采购计划也在某种程度上发挥了价格支持政策的作用。该计划是巴西“零饥饿”计划的组成部分。它的运行方式为：为鼓励家庭农业的发展，政府以高于最低保证价的“参考价格”从家庭农场直接采购农产品，并将采购的产品分配给存在粮食安全风险的目标群体和脆弱家庭。2006年，该计划将对每个农场主的采购上限由2 500雷亚尔提高至3 000雷亚尔。受此影响，该计划下的政府采购占政府收购总量的比重由2005/2006年的2%增至2006/2007年的11%。在2003至2009年间，该计划下农产品采购额累计27亿雷亚尔，76.4万个小型家庭农场从中受益。此外，每年约750万人免费获得该计划下提供的食物。

表5-1显示了巴西各类最低保护价政策工具的财政支出。总体来看，在2009年之前支出呈增长趋势，在2009年达到42亿雷亚尔的峰值，此后呈下降趋势。最低保护价政策工具财政支出的变化主要取决于市场状况，市场价格高时，市场价格与最低保护价的差额较小，甚至高于最低保护价，政府需支付的价格差额较小，甚至无需支付；反之，在2009年的国际金融危机时期，市场价格大幅下跌，与最低保护价的差距较大，政府为保护农民利益所付出的财政成本就相应较高。

表 5-1　2003—2012 年间巴西各类最低保护价政策工具的财政支出

单位：百万雷亚尔

年份	AGF	PEP	PROP	COVPA	PEPRO	合计
2003	0	0	0	574	0	574
2004	87	47	0	313	0	447
2005	504	362	178	169	0	1 213
2006	613	692	322	1	558	2 186
2007	132	103	139	437	1 200	2 011
2008	60	24	37	847	549	1 517
2009	479	803	0	2 277	648	4 207
2010	494	1 064	0	0	76	1 634
2011	254	224	0	575	9	1 062
2012	212	182	0	1	119	514
合计	2 835	3 501	676	5 194	3 159	15 365

资料来源：Izaias de Carvalho Borges，Domestic Support of Agriculture in Brazil，ICTSD 研究报告。

第四节　巴西的农业及农村金融政策

一、巴西国家农业信贷体系形成及发展

1965 年第 4 829 号法令确立了巴西“国家农业信贷体系”，旨在鼓励农业生产者或农业合作社加大在农业领域的投资，为农牧业产品的生产和销售提供支持、实现生产工业化，支持中、小农业生产者的农业生产，鼓励资本形成以及鼓励引入合理的生产方法以提高生产效率、改善农业人口生活质量和合理保护土壤。巴西国家货币委员会负责制定农业信贷有关法规，巴西央行负责政策的控制和执行。“国家农业信贷体系”由公共银行、合作社以及私有商业银行组成。

总体来看，巴西农业信贷政策的发展经历了三个阶段：

20 世纪 70 年代。在这一时期，政府资金是农业信贷最主要的资金

来源，占农业信贷资金的比例在 85 %左右。巴西政府通过大规模为农业生产者提供农业信贷对农牧业活动进行大力干预，如鼓励采纳农业新技术及购买现代化农业设备，鼓励土地开发，鼓励提高粮食生产。从 1969 年到 1981 年，农业信贷数量由 310 亿雷亚尔增至 1 540 亿雷亚尔。这期间农业信贷政策的实施在为生产成本提供融资，鼓励资本形成、提高农业现代化水平、加强中小农业生产者在经济中的作用，促进农业贸易和仓储的发展等方面起到了积极作用。但因国际形势变化，70 年代中期巴西对外账户不平衡、通胀压力大导致政府无法提供足够资金和低利率信贷以继续执行之前的政策。农业信贷体系在 70 年代末遭遇了瓶颈，外债高企和通货膨胀导致了巴西政府对农业政策的调整，巴西国库对农业提供的融资被削减。

1980 至 1995 年。巴西通胀加剧和政府财政危机等困难阻碍了政府继续成为农业信贷的主要提供者，同时其他融资来源未能补充国库资金对农业信贷支持的降低。在这一时期，农业信贷数量由 1 540 亿雷亚尔降至 260 亿雷亚尔。农业信贷额从 20 世纪 70 年代末占农业 GDP 的 85%减至 90 年代初占农业 GDP 的 29%。

1996 年以来。随着巴西宏观经济状况的变化，如对通货膨胀的控制、对外开放度的提高以及改革的推进，农业信贷政策也相应调整，如鼓励私营机构加大在该领域投资力度，拓展农业信贷融资渠道，对家庭农业发展制定专门的支持政策等。例如，政府通过巴西社会经济发展银行投资解决融资问题，更有重点、有针对性地关注家庭农业发展。1997 年政府实施了“家庭农业支持计划”，旨在确保小农户的基本收入、增加农村就业机会。在此背景下，该时期农业信贷数量迅速增长，由 1996 年的 230 亿雷亚尔增至 2012 年的 1 140 亿雷亚尔。

二、巴西国家农业信贷资金

在农业信贷政策发展过程中，巴西政府经历了从单纯的资金提供者到政策制定者和推动者的角色转变，同时还注重因势利导适时引入私营机构，使其逐渐成为提供信贷资金的重要来源。2012 年，国库资金仅占巴西农业信贷资金来源的5%，银行强制性农业专用资金占34%，农村储蓄占32%，巴西社会经济发展银行占10%，宪政资金占9%。

农业信贷的资金来源包括国库预算资金，为农业贷款提供资金来源的银行存款，宪政基金，巴西社会经济发展银行，巴西咖啡基金，劳工保障基金等。根据巴西法律规定，“国家农业信贷体系”的银行，无论其性质是国有还是私有，都必须将其存款的一定比例投向农业部门，或者将该部分资金以零利率提供给巴西央行。强制用于农业贷款部分占银行存款的比例由巴西国家货币委员会规定，一般为25%，在特殊情况下进行灵活调整。在2008年11月，为应对信贷危机，巴西国家货币委员会将该比例提高至30%，并于2012年7月进一步提高至34%。对于农村存款，《巴西农业信贷指南》也规定了其用于农业贷款的比例。根据规定，从2011年7月开始，公共银行及合作社必须将其吸收的68%的农村存款用于农业贷款。

三、巴西农业信贷用途

巴西农业信贷的用途分为三种：一是覆盖生产成本的信贷，用于支付农业生产阶段的各项费用，如购买生产资料等；二是投资信贷，主要用于添置固定资产，对购买土地不予贷款；三是销售信贷，主要帮助生产者解决销售资金周转。农场主与农民在农业生产及销售加工的全过程均可获得贷款的支持。农业贷款利率大幅低于市场利率，专门针对中小农户的特别农业贷款，贷款利率则更为优惠，甚至是无息的。例如，巴西市场一般贷款实际利率为25%，农业贷款利率最高为12%，对中小农户的利率分别为9%和6%左右。

农业贷款是巴西农业生产过程中资金周转的主要依靠，一般可覆盖生产资金的60%～100%。为了确定合理贷款额，巴西政府根据公顷作物生产成本设立了成本基数，作为计算贷款限额依据。根据上年的生产值，对中小农户，一般贷款上限为总成本的90%，大农户为80%。对政府没有规定成本基数的作物，农户自行制定详细生产成本预算，报银行申请贷款，对中小农户和大农户贷款上限分别为预算的80%和60%。

大、中、小农户划分，以上年产值为准，基线由政府明令划定。为促进提高生产率，还有两项特殊规定：最近3季收成平均生产率高于政府规定的最高生产率基线的农户，可以按自行制定的预算申请贷款，不受成本基数限制；种植大米、黑豆、玉米（巴西人主食）和大豆（主要出口产品）的农户，制定技术规划，保证生产率高于前3季平均值20%，可以得到相当于成本100%的贷款。

第六章
巴西农业专业合作组织

农业在巴西国民经济中的地位举足轻重，也是巴西少有的具有国际竞争力的行业，这不仅得益于巴西得天独厚的发展农业经济的一系列自然客观因素，而且与巴西农业生产强调规模化经营、综合开发的发展道路息息相关。数量众多、管理先进的各类农民生产专业合作组织是巴西农业现代化建设、产业化发展、集约化经营的主要载体和重要保障；同时也是针对本国特殊的大庄园土地占有制度的具体国情，为保护占全国农民数量 80％以上的中小农户利益而探索出来的高效制度。各类农民生产专业合作组织具备技术推广、市场调研、产品议价、与政府谈判等功能，发挥着贸易平台、农业科技发展推进器、连接政府与农民、整合社会资源挖掘农业生产潜力的巨大作用；与此同时可以帮助中小农业生产者联合起来，扩大规模，通过集体采购农业资料降低生产成本、集体出售产品争取更好的价格，集资建立农产品加工企业增加附加值等措施提高自己的竞争能力，切实维护农民的利益。

第一节　农民专业合作组织概述

一、农民合作组织概况

农民合作组织，也称农民合作经济组织，是指农民自愿参加的，以农户经营为基础，以某一产业或产品为纽带，以增加成员收入为目的，实行资金、技术、采购、生产、加工、销售等互助合作经济组织。巴西农民合作组织的发展过程是巴西现代化历史进程中的一个缩影，深受巴西国内工业化水平、农村社会变革、市场经济制度逐步建立等多种因素相互复合作用下的塑造力量的影响。

19 世纪 80 年代末，巴西国内奴隶制废除、君主制被推翻，这标志着巴西开始从传统社会向现代社会过渡，巴西的现代化进程启动。现代化进程涵盖着社会方方面面的改革，巴西国内的政治组织形式、经济生产方式、社会文化观念都受到深远影响。在这一背景下，巴西农业和农村发展也随之进入新的阶段，传统农业开始向资本主义现代农业过渡，农村社会以及农业生产方式发生了一系列变迁。由于 1889 年巴西废除了奴隶制，大批的奴隶成为自由人，为巴西农业生产提供了大批廉价劳动力，他们或者加入大种植园成为分成农，或者自己开辟小块荒地成为占地农；同时，农产品棉花、甘蔗、咖啡、橡胶等为原料的棉纺织、食品、橡胶等工厂逐渐兴起，农村工业得到初步发展。以市场为导向、以工业化生产为手段的生产模式开始建立，这些条件为农民合作组织雏形的建立提供了前提条件。

20 世纪 30—80 年代，巴西国内现代化建设突飞猛进，在这半个世纪的时间里，巴西逐渐由一个农业化国家向工业化国家转变。巴西国内农业生产在工业化水平进步的刺激下进行了结构调整。在这一时期，资本主义生产关系在农村逐渐取代了前资本主义生产关系，现代资本主义大农业发展起来。自 20 世纪 50 年代以来，现代化资本主义农业企业出现并逐渐取代了封建的庄园经济。农业资本家代替了传统的土地寡头，农业工人代替了半封建性质的雇佣劳动。市场对于巴西农业生产的影响作用越来越大。以农作物种植种类为例，为了适应市场需要，这一时期巴西农作物种植的种类呈现多元化特质，咖啡的种植面积显著降低，棉花、大豆等农作物生产面积大增。这一时期也是巴西农民合作组织蓬勃发展的黄金时期。20 世纪 30 年代末以后，农业合作社在农村特别是在巴西南部、东南部地区的农村发展起来。1960 年以后，农村合作社在全国得到迅速发展。20 世纪 60 年代建立的全国性的合作社组织——巴西合作社组织（CNA，即现在的巴西农牧业联合会），标志着巴西国内农民合作组织发展到了一个新阶段。

20世纪90年代至今，巴西开始调整现代化发展战略，巴西实现由内向发展模式向外向发展模式转变，由国家主导型向自由市场经济转变。这一时期，巴西农业生产现代化程度进一步提高，农业技术不断进步，机械化水平有所提高，农业劳动力显著减少，农业生产资源进一步向大规模农业经营单位集中；农业的发展越来越依附于工业和第三产业，农业与二、三产业联系更密切，农工联合企业尤其是跨国公司经营的企业越来越多。同时国家减少了对社会的干预和控制，在这一系列有利的内外部因素作用下，农村民间组织得到进一步发展。除了农业合作社外，农场工人联合会、小农场主协会、地区消费者组织、信贷联盟等民间组织也得到进一步发展。

目前，巴西现有各类合作社约4 000个，涉及农牧业、消费服务、劳动、信贷、卫生、电力、通信等12个领域。合作社在推动巴西农业产业化、实现供销一体化方面发挥了积极作用。农民合作组织不仅是农作物的主要生产者，还从事农村工业的生产，参与政府发展计划，为农村经济、社会的发展做出了贡献。除了农业合作社等经济组织外，政治性的民间组织如农民联合会等组织数量也越来越多，在乡村社区管理中的作用也日益突出。

二、农民合作组织的组成方式

从农民合作组织内部结构来看，巴西农民合作组织一般分为全国性的合作组织和地方性的合作组织。以巴西农牧业联合会（CNA）为例，下分三级体制，即基层社（由20户以上组成）、中心社（由3个以上基层社组成）、专业社（由3个以上中心社组成），在此基础上，每个州成立一个州合作总社。各级合作社之间是经济网络关系，而不是隶属关系。每一级、每一个合作社都有各自严格的章程。为了确立合作社的自主合法地位，巴西联邦共和国在宪法中明确规定了合作社的属性：即合作社是政治上保持绝对中立，不允许带有任何宗教、种族或社会歧视的民间组织，是政府的技术性咨询机构。合作社的最高权力机构是社员大会，所有有关合作社宗旨的重大事项和合作社发展的重大措施都由社员大会决定。各级社的领导成员和财务负责人，以无记名投票方式选举产生；领导成员一般由那些热心为社会服务并具有专业知识的人士担任。农户入社需提出申请，填写入社申请表，证明其土地拥有权，由两名社员介绍签名，表示承认合作社章程并交纳股金。有的地区合作社（如奥伦地亚地区）还要求入社社员遵守把农牧产品交售给合作社的承诺。入社社员享有选举权、被选举权、合理化建议权、审理检查合作社经济活动和财务收支等权利，享有使用和提供经济、经营信息权。

从宏观来看，这些农民合作组织联合各个农户、推进巴西农业生产产业化经营的组织方式大致上可以总结为“企业＋农户”的模式。这种模式的主要形式分为两种：一种是以合作社为核心内向发展，即合作社通过资金积累和商业融资，建立自己的农副产品加工企业，组织农户进行生产，由合作社负责市场行情研究和加工销售。目前，巴西共有农牧业合作社115家。巴西《经济价值报》近日报道，2016年第一季度，巴西农业合作社出口额较去年同期增长12%，达13.6亿美元。据巴合作社组织（OCB）从巴西发展、工业和外贸部获得的统计，今年1季度，巴合作社累计出口农产品300万吨，出口量同比增长66%。另一种是以企业为核心外向联合，即企业按照市场需求，与农户或合作社签订合同，组织农户生产。BRF巴西食品公司是这一模式的典型。目前BRF巴西食品公司是巴西第二大、全球第六大的食品公司，其占据着全球禽肉市场20%的市场份额，产品覆盖5大洲、行销120多个国家和地区，是世界首屈一指的动物蛋白出口商，产品线涵盖5 000多种产品。目前，巴西食品公司（BRF）在全球拥有11 000名员工和60多家工厂和生产基地。巴西食品公司（BRF）是世界上为数不多的拥有全产业链体系的公司。企业对14 000家合作牧场进行全面监控，以确保所有动物都在尽可能好的环境中成长；同时巴西食品公司在动物育种、饲料营养以及安全用药方面聘请专业兽医和技术人员提供个性化的服务。

三、农民合作组织的主要类型

农民合作组织将分散的中小农户组织起来，并通过集体和个人两种形式成立经济联合体，不仅促进了农业生产的发展，也对农村的工业化做出了贡献，同时还提高了巴西国内农业小生产者的市场竞争能力，增加了农民收入。目前，巴西国内农民专业合作组织主要包括两个形式：农业协会和农业合作社。

农业协会是介于政府、企业之间，商品生产业与经营者之间的一种社会中介组织，因此在性质上属于民间组织，不从属于政府管理机构系列之内。巴西国内比较著名的农业协会有巴西农牧业联合会（CNA）、农业企业协会（ABAG）等。这些农业协会作为社会中介组织，为农业经济市场中的各方经济主体提供服务，发挥着咨询、沟通、监督、公正、自律、协调的作用，是政府与行业、与企业联系的桥梁和纽带。

农业合作社是巴西主要的农业行会组织，其任务是向农户提供农业生产、农产品出口咨询服务与技术帮助，组织个体生产者联合向国外市场销售农产品等。这些合作社组织以专业性合作社为主，相当于非营利性的民营公司，实行股份制，每个社员拥有一定的股份，但持有额有数量限制。据巴西全国合作总社（OCB）负责人介绍，全国共有合作社组织约 4 000 个，大致可分为农牧业生产合作社、消费合作社、信用合作社、教育合作社、卫生合作社、劳务合作社、住宅合作社、农村电力电话合作社等近十种类型。其建社的基本出发点，主要是适应和满足当地农业生产、农村经济发展的需要，除此之外没有任何限制。

巴西大部分合作社在农村，但也有相当一部分合作社开始把触角伸向城市地区。如圣保罗州开办的城市信用合作社已有 149 个。此外，合作社的产品占有城市市场的比重也越来越大，如大城市 70%的用奶量都是由合作社供应的。

第二节　农业协会

农业协会是政府与企业进行合作的重要形式，由生产者、工业委员会、商业委员会组成的合作组织。农业协会不但是生产者与交易者沟通的桥梁，也是双方相互利益的保障者，能实现服务体系、市场体系、信贷体系、监测体系、推广体系、信息体系的全程服务。

一、农民联合协会

巴西设有全国性的农业生产者“巴西农牧业联合会”（CNA），是巴西国内最大的农民经济合作生产组织之一。巴西农牧业联合会不隶属于任何公共机构，独立代表生产领域并面向社会。联合会和立法、行政、司法机构保持长期对话，探寻推动农牧业领域发展的解决方案。宗旨是代表、组织和壮大巴西农村生产者，并维护其利益，促进农牧业领域的经济、社会和环境发展。巴西农牧业联合会（CNA）的前身是巴西农村联合会（CRB），1951 年成立于里约热内卢（当时是巴西首都，联邦区）。1964 年 2 月，巴西农村联合会更名为全国农业联合会（CNA），晋升为高级别工会组织，负责全国农牧业生产的经济利益协调。1975 年，联合会总部迁至巴西利亚，新联邦首都。截至 80 年代，联合会的主要业务范围还只限于一些国际论坛和政府委员会。80 年代期间，联合会进行了结构调整，参与了一系列创新运动。例如 1987 年，参与成立了巴西农牧业广泛阵线，整合了多个农牧业生产门类，该阵线还在 1988 年全国制宪大会中发挥了决定性作用。2001 年 11 月成立 50 年之际，全国农业联合会更名为巴西农牧业联合会，仍沿用原缩写 CNA。新名称使联合会在国际活动中更容易辨认代表国家，并将对巴西畜牧业生产者的代表性纳入其中。

2001 年时联合会已代表巴西农牧业一半的国内生产总值。目前，巴西农牧业联合会由全国 27 个农牧业协会和 2 000 余个农村工会组成，代表了约 200 万巴西农村大、中、小生产者，覆盖多领域产业。此外，全国农村培训中心（SENAR）和巴西农牧业联合会研究所也是巴西农牧业联合会的重要组成部分，前者负责农村生产者的劳动技能培训，后者负责促进农村发展和社会责任履行措施的科研工作。2001 年时联合会已代表巴西农牧业一半的国内生产总值。巴西农牧业联合会有两项资金来源，以维持业务开展：一是来自乡村工会的税收款项，由联合会系统根据《劳动强化法》直接征收；二是来自乡村工会的会费收入，按月收取。乡村工会收入的20%上缴劳动和就业部。

联合会内分设专业委员会，如大豆、玉米、马铃薯、烟草、咖啡、柑橘和棉花等项农产品委员会。各州、市也相应设有农业生产者协会，隶属全国农业联合会领导。联合会的主要职能是收集生产者对农产品贸易的意见和建议，供政府有关部门决策参考。在出现农产品贸易问题时，负责向政府有关部门提出解 决措施及建议，并协调农业生产者与政府部门之间的立场，向农户传达政府关于农产品贸易的最新政策。联合会已成为生产经营者与政府之间进行有效沟通的纽带和桥梁，也是向政府转达农业生产者意愿的忠实代表。

成立60年以来，巴西农牧业联合会把为巴西农村生产者争取更加公正的经济、政策和社会条件，推动国家农牧业生产持续发展作为目标。在联合会成立初期，便组织并推动了一系列行之有效的运动，促进了奶和肉类的生产，结束了妨害咖啡、可可、棉花和肉类出口的汇率充公政策。在20世纪80年代，联合会为巴西农牧业者争取基本权利做了大量工作，其中包括恢复农牧业这财产和生产资料保有权、推动制定提高农牧业者收入的农业政策、鼓励科技创新和扩大市场，以及促进农产品出口。90年代以来，联合会在专业化、现代化领域发展卓有成效。联合会强化了科技基础建设，建立了拥有权威农牧业信息的数据库，参与同政府的农业领域谈判，并向政府建言献策，和国会共同就农牧业领域开展行动。

二、各行业的农业协会

农业行业协会是指介于政府、农业企业之间，农产品生产业与经营者之间，并为其服务、咨询、沟通、监督、公正、自律、协调的社会中介组织。巴西的农业协会组织除了少数涵盖农业生产各领域、各行业的大型组织外，更多的是代表某一具体行业、具体领域的协会组织，比如巴西禽肉生产与出口协会（ABEF）、巴西棉花种植者协会（ABRAPA）、巴西谷物出口商协会（BCEA）、巴西特种咖啡协会（SCAB）等。

巴西农业行业协会的基本职能可以概括为八个方面：一是代表职

能，代表本行业全体企业和自然人的共同利益；二是沟通职能，作为政府与行业及企业之间的桥梁，向政府传达行业的共同要求，同时协助政府制定和实施行业发展规划、产业政策、行政法规和有关法律；三是协调职能，制定并执行行规行约和各类标准，协调同行业之间的经营行为；四是监督职能，对本行业产品和服务质量、竞争手段、经营作风等进行严格监督，维护公共利益和行业信誉，鼓励公平竞争，打击违法、违规行为；五是公正职能，受政府委托，进行资格审查、签发证照等；六是统计职能，对本行业的基本情况进行统计、分析、并发布结果；七是研究职能，开展对本国行业国内外发展情况的基础调查，研究本行业面临的问题，提出建议、出版刊物，供企业和政府参考；八是狭义的服务职能，如信息服务、教育与培训服务、咨询服务、举办展览、组织会议等。

巴西农业经济是以出口为导向的外向型农业经济，严重依赖国际市场，市场竞争力的强弱是判定巴西农业经济发展前景的最重要的标准。在市场经济条件下，社会分工越来越细，加上国际经济一体化的发展，社会经济关系日益复杂化、多样化，巴西农产品想在国际市场上具有较高竞争力就必须强调效益与效率，这要求农业生产的系统化、整体化。农业行业协会作为一个沟通、协调、监督的中介平台，有利于统合行业内的整体资源、实现规模化经营、降低生产成本、分散外部风险、促进新技术的研发与推广，最终占领国际市场。

以近年来在巴西农业经济中表现抢眼的禽肉出口行业为例，巴西的禽肉出口除了在生产协作方面具有优势之外，禽肉生产与出口协会在市场开拓、促销、卫生及技术支持等方面的作用也不可低估。巴西禽肉生产与出口协会在政府各部门的大力支持下，积极开拓了非洲和中南美以及亚洲的市场，巩固了中东市场，扩大了欧洲市场。同时通过与邻国阿根廷的协商，减少了阿根廷的贸易保护。2003 年入会企业的出口量占总出口量的 86.4%。2004 年春天，亚洲受禽流感的影响，中国和泰国的禽肉生产受挫，巴西趁机而入，在 2004 年的 1 至 10 月对亚洲出口市场份额比同期增长了 84%。该协会通过参加各种交易会、展览会、向进口国派兽医、提供商业支持等方式，宣传巴西的禽肉，扩大出口。巴西禽肉生产与出口协会通过参与世界贸易组织、世界经济论坛、世界动物卫生组织等国际组织的活动，获得世界禽肉在生产、加工、贸易、管理和疾病防疫等方面的信息，反馈到国内，指导国内企业的生产。

第三节　合作社组织

一、合作社概述

合作社是由其成员自愿组成的一种经济组织，通过联合出资和民主决策的管理方式，满足合作社成员共同的经济、社会和文化发展方面的需求，其最初是在欧洲出现并发展起来的一种生产组织，来自意大利和德国的农业移民将这种生产组织带到巴西。巴西合作社产生于 19 世纪后期，迄今已有 100 多年的历史。在其发展历程中，受国内外政治经济变化的影响，虽不乏曲折，但总的看来，在美洲地区发展是迅速的。1899 年，巴西消费合作社成立，成为合作组织的雏形。经过 70 年的发展，1969 年，巴西合作社全国联社成立，翌年注册为法人。1971 年颁布的《合作社法》，确定了合作社的政治地位。1988 年巴西通过的新宪法及五个相关决议，进一步明确了巴西合作社的地位和作用，至此，合作社进入自我管理、规范发展的轨道。

巴西农业合作社主要分布在南方的圣保罗州、米纳斯吉拉斯州和南里约格朗德州。这些地区大多是地少人多的家庭农户，加入农业合作社使这些小农户能够联合起来，共同组织农产品的贸易和加工，从而增强小农户的竞争力。据巴西全国合作社联盟统计，巴西各地有 13 种合作社组织，如住房合作社、信贷合作社、医疗合作社等，其中农业合作社是最主要的一种。各类合作社的成员有 3 000 万人，而成员人数最多、经济地位最重要的是农业合作社。2011 年巴西农业合作社达到 1 523 个，合作社成员有 96.9 万人，合作社职工人数为 15.6 万人。农业合作社 2009 年产值约占当年全国农业贸易总产值的 37.2%，出口创汇 36 亿美元。

巴西农村合作社的特征主要有三点：①多种类型，不拘一格。农村合作社建社的基本出发点，主要是适应和满足当地农业生产、农村经济发展的需要，除此之外没有任何限制；②立法严明，管理严格，经营必须严格依靠法律和社规。所谓依靠法律是指，国家宪法保障合作社的合法性和自主性，政府有关法令确保在税收和信贷方面给予优惠等；同时，巴西农村合作社借鉴和吸收了国际上合作运动的成功经验，结合本国具体情况，制定了一整套严格的社规。其社规的精髓是：合作社本身不以营利为目的，而是为广大社员提供全方位的服务；③立足农业，全面服务。巴西合作社服务领域主要涉及七个方面，一是为社员代销农副产品，包括国内销售和对外出口。二是贮存、加工、运输产品。三是优价提供农业生产资料。四是设立商店或超级市场为社员提供生活用品。五是为社员提供存款、信贷服务。六是信息情报服务。七是开展科学研究与技术指导。

合作社不以营利为目的，把全方位为社员服务作为各级合作社的宗旨，农业合作社的建立和发展，对巴西农牧业生产的持续增长做出了积极的贡献。以巴西米纳斯州的农业企业联社为例，它代表州内所有农业企业，包括农场、农资生产、农产品加工等与农有关的企业。目前该州农业企业联社有400个注册会员，小企业几乎占农业联合企业的90%，约7 600个公司，代表州内40多万大、中、小各类农户，其宗旨是为全体联社的公司成员谋利益。联社内设司法顾问、联合顾问、通信顾问、环境事务、经济研究等委员会以及资料处理中心，联社设有办公室、立法机关，必要时可以由联社出面负责维护或确保州内农场主的利益，或在关键时候加强联合会成员之间的联系。联社的工作内容：一是在联社下的委员会的支持下进行有关业务；二是观察研究农业生产的有关问题，如政府政策、政府计划的落实及技术进步等，有时参与政府政策的制定；三是通过培训来改善小农场主和农村工人的管理技能、生活质量，如健康方面的教育和培训，包括营养、食物、缝纫等；四是资料处理中心负责通过计算机联网为农民提供一些必要的信息。联合会与农民及有关部门的联系除上述工作以外，还积极参与影响农民的商务活动，因此，与不同的有关协会、联合会和部门等有紧密的联系，包括与农事活动有关的大学、研究中心、学校、公司等。另外，联社成员也必须向联社交纳一种农事活动税，这是联社的基金来源之一。巴西米纳斯州农业生产在全国取得领先地位的重要原因，除政府重视、科研发达外，很重要的一条就是农业企业联社为农民生产经营提供有效的指导和服务。巴西米纳斯州农业企业联社是该州农业社会化服务的主要角色，它上联政府，下联农民，与科研单位、学校、社团、企业有着紧密的联系，它不仅参与政府政策的制定、预测市场走势，而且更重要的是切实为农民服务，使农民真正得到了实惠。它加快了农工一体化的进程，推动了农业生产和农村经济的发展。特别是农业企业、农民和政府部门共同探索农业联合企业，把农村与工业结合，使产、加、销更紧密地联系起来，使农业的信息范围扩大，信息的可用性显著提高，为改善产品质量、增强市场竞争力创造了条件。

二、合作社的基本类型

巴西农村建立了多种形式的农业合作社，在推动生产、实现供销一体化和提供各种服务方面发挥了积极的作用。巴西农业合作社组织可以通过辐射地域层级和具体从事的领域两个方面来划分：

以辐射地域层级为标准，巴西农业合作社组织具体可以分为 4 个层次，即全国合作社组织、州合作社组织、中心合作社和基层合作社。合作社纯属群众性组织，小农户和大农庄主都可以加入。

以具体从事的领域为标准，巴西农业合作社组织大致可以分为两类，即农牧生产合作社和其他辅助服务类合作社。农牧生产合作社主要包括供销合作社、渔业合作社等，各种专业合作社为农户提供全面服务。供销合作社主要是为农民供应生产资料，提供农产品的分级分等、包装、仓储、运输、销售和出口等服务，同时还提供生产技术、市场信息和技术培训等服务（渔业合作社主要帮助渔民购置渔业机械设备等生产资料，发展渔产品的冷冻、加工、运输和销售，进行技术培训）。其他辅助服务类的合作社包括农村电气化合作社等。辅助服务类合作社是农村社会生活中必不可少的部分，也是农业经济产业链条中的重要环节。农村电气化合作社主要是帮助集资修建供电设施，推动地区性的经济开发，改善农民的生产和生活条件。许多经营得好的合作社后来逐步又发展成为农工综合企业。这些农业合作社的广泛建立，极大地推动了巴西的农业机械化。

三、私营公司

巴西企业在私有化和对外开放的政策背景和基础上，不断地进行产业结构的调整和升级，这种调整和升级是伴随着跨国公司的迅速进入和规模化兼并而进行的。仅 1996 年，与巴西联营和收购巴西企业的外国投资就占了巴西全部投资的 15%，投资额达 95 亿美元。巴西企业界通过产业结构调整逐步认识到，为了企业的生存和发展，必须采取国际化经营的战略。这一战略包括三个阶段：第一阶段是单纯出口产品，第二阶段是按照跨国公司的销售结构组织企业的生产和销售，第三阶段是企业到国外装配生产线，及时在国外生产适销对路的产品。

第四节　农民合作组织的特点、作用及其与政府的关系

一、农民专业合作组织的特点

首先，合作社组织的成员构成具有同质性强、地域集中的特点。加入合作社组织的农户是从事相同农产品生产经营的同类农户，并且成员所在的区域相对集中，通常以同一村庄或相邻村庄为半径。合作社组织的成员对农业社会化服务的需求一致性程度较高，同时也有利于合作社组织以较低的运作成本开展服务，实现规模经济。

其次，合作社组织的目标是为成员服务，以成员为导向。成员是合作社组织的所有者，同时也是农业技术及服务的推广者、使用者，合作社组织成员的三位一体性是其他任何农业社会化服务组织所不具有的特

殊属性。合作社组织的技术带头人不仅是技术服务的推广者，也是新技术、新品种的率先使用者。在开展某项先进适用技术或新品种的培训、推广中，他们率先采纳新技术、运用新知识、使用新设施。按照农业推广理论，如果推广者与使用者的经济利益是完全一致的，那么技术推广将产生非常显著的效果。

再次，合作社组织实行入社自愿、退社自由的基本原则，加入组织是成员的自我选择，合作组织的正常运作依赖于成员联合一致的集体行动。这种组织制度和组织文化非常有利于新品种、新技术的推广。合作社组织在开展农业社会化服务时，成员的主体地位保证了成员是技术服务、技术推广的主动选择者，而不是简单的被动接受者；保证了农业社会化服务的内容满足广大农户成员的要求，而不是技术提供者、传播者供给方的意愿，从而提高了农业技术推广和服务的有效性，以及供给方和需求方双方较好的吻合性。

最后，巴西合作社组织覆盖面广，提供服务全面，有效帮助农户解决了许多生产经营中的困难，所提供的服务在农户所需要的服务中占了相当大的比例。这些合作社组织自成体系，有完善的规章制度和运作章程，明确地规定了合作组织的权利与义务。因此，在服务农户方面具有较高的效率。此外，以合作社为基础的农业产业化运作模式，使合作社组织已成为农业生产经营者与市场之间进行有效沟通的纽带和桥梁，也是农业社会化服务体系中的一支重要力量，为促进巴西农业发展起到了积极作用。

二、农民合作组织的作用

首先，巴西农民合作组织提高了农村经济社会组织化的程度。巴西大力培育农业合作社，并以此为各农场之间联系的枢纽，将国内大、中、小不同规模的农户组织起来，往往通过不同形式开展联合与合作，从而提高国际市场的竞争力。农业生产组织化、规模化扩大了农业经济的规模，加强了专业基础设施和基地建设，有利于实现生产专业化、标准化，有利于采用先进科学技术、管理技术和装备，有利于延伸产业链，促进农业生产方式的转变。规模化生产不仅可以提高生产效率、降低经济成本，而且更加有利于应对市场风险。农业生产组织化水平的增强，强化了农户在市场上的议价能力，改变了单一农户在市场价格制定中的不利地位，有助于维护农户的利益。比如巴西贝伦市的奶牛合作社，将地区内各个农场组织起来，统一管理超过 1.3 万头奶牛。合作社每天可以生产鲜奶 45 万升，建立了奶制品厂 16 个，具备生产多种种类型的鲜奶和优质的奶醋、奶油、黄油等产品的能力。

其次，巴西农民合作组织是农业产业化发展的有效保障。农民合作组织的非营利性、代表全行业共同声音和利益等特质决定了其能主持公义、协调全盘。如果没有行业协会中介组织，由农业龙头企业与农户直接结成的产供销联合体只能处于一种不稳定和机会主义较大的状态，企业始终是以营利为目的，一旦市场行情发生变化，公司和农户为规避各自风险将分道扬镳，甚至违约事件接连发生。同时，还可能发生影响行业整体发展的个别强势企业非经营性营利的垄断行为。巴西农村合作组织具有一定职能手段，通过行业决议、自律管理，规定加盟成员必须按照特定标准组织生产，在协助政府打破贸易壁垒、带领企业开拓国际市场等方面，都能发挥积极作用。比如巴西科地亚中心合作社，是由 10 个基层社组建的，有社员 1.9 万户，总部职工 1 万人，合作社进入了农产品深加工阶段，总部有棉花加工厂、豆油加工厂、茶叶加工厂、炸土豆条厂、蔬菜速冻加工厂、化肥厂等企业，是巴西最大的农业企业，列为巴西全国工、商、贸、交通、能源等企业的前 30 名，全年销售额数十亿美元。

最后，巴西农民合作组织有效提高了国内整体农业素质。农业素质包括农民素质和农业生产物态。提高农民素质是提升农业、建设现代农业的希望所在，农民合作组织可以利用科教会员资源，通过会员渠道，组织开展行业培训或借助企业开展产业技术知识方面的培训，围绕增强农民自我发展能力，加强科学知识普及、先进技术培训。农民合作组织通过发展面向农村和农产品加工企业的专业技能培训班和电子培训教育，为农业生产经营提供高素质的专长型新型农民队伍。改善农业生产物态是提升农业、建设现代农业的基础和平台，巴西农村合作组织可以有效协助政府制定行业发展规划，支持和改善农业生产物态，从农业生产所需的水电配套设施到农业生产机械的自动化装备，从农业交通路网建设到农业生态环境改善，从现代农艺普及到加工工艺的科技提升等。近年来，尽管巴西被严重的经济危机、政治危机以及寨卡疫情所影响，但巴西农业仍然是全球最具潜力的领域之一。2015 年，巴西经济创下 35 年来最大跌幅，国内生产总值总体下滑 3.8%，农业却成为了巴西经济中唯一增长的行业，增幅达到 1.8%。巴西东南部圣埃斯皮里图州 Cooabriel 咖啡合作社负责人 Edimilson Calegari 称，“在如今这样的坏年景里，农场和牧场成为推动经济的动力”。巴西农业经济取得的巨大成就无疑离不开国内发达的农民专业合作组织在农业生产链各个环节中所发挥的巨大作用。

三、政府与农民合作组织的关系

纵观巴西合作社发展的历史和现状，我们看到，其之所以能够在近 20 年来得到长足的发展，与巴西政府的大力支持是分不开的。政府把支持合作社发展作为一项重要任务，于 1972 年在农业部内设立了合作经济局，专门致力于在中小农场主中发展合作社的工作，其职责是：①开办培训班，为基层社、中心社培养人才；②为合作社提供法律和管理方面的咨询；③加强州农业厅与合作社组织联系，协调合作社之间经验交流；④促进政府与合作社密切联系；⑤管理指导 350 个专业协会开展工作。

巴西政府对农民合作组织的支持政策具体可以归结为四个方面：

首先，通过立法为合作社创造良好的法律环境，实行依法治社。《合作社法》规定，国家实行鼓励合作化的政策，主要通过提供技术支持、金融优惠和特殊信贷帮助合作社的建立、发展和联合。另外，《合作社法》对合作社的建立、权利、义务、政府的支持等都有明确规定。在巴西，政府还在财政、贷款、土地等方面支持合作社的事业项目。

其次，指定政府部门进行扶持和指导。巴西于 1971 年颁布了《合作社法》，为支持合作社发展，于 1988 年修改了宪法，明确政府不干预合作社的发展，但要给予积极支持。农业部对合作社的发展给予积极扶持，设立相应的管理机构具体负责对合作社进行指导和管理。在巴西议会的513名议员中，有253位是各类合作社的社员，他们的活动对政府关于合作社的政策和法律制定，有很大的影响力。

再次，较为优惠的金融借贷、财政支持服务。中央银行贷给农业合作社贷款年利率一般为12%，比其他贷款利率低10个百分点。巴西农业、畜牧业和食品供应部于2012年11月1日发布公告，面向公众征集并筛选八类项目，目的是加强巴西国内农业合作社的生产力、提高农产品加工处理技术和商业化运作能力；就农业技术可持续发展对合作社成员进行培训；减少资源浪费，实施精准农业；实现经济、社会和环境的协调发展。有关项目建议可通过非营利组织进行提交。巴西农业部拟拨款2 400万雷亚尔，对以上项目提供资助。

最后，巴西政府规定了粮食最低保护价，并且有其他的农业补贴政策，这在一定程度上降低了合作社的经营风险。

当然，巴西政府与农村合作组织间的关系并不总是积极的，双方同样存在发生矛盾的时刻。巴西农牧业联合会（CNA）分别于1994年、1995年、1999年、2005年和2011年组织了四次大规模游行示威活动，为农村税负过重寻求解决方案，敦促政府制定新的农村税收政策，参与活动的农牧业者来自全国各地。

第七章
巴西农产品运销及加工

巴西优越的自然条件、有利的政府支持政策，使得巴西农业经济发展迅速，成为世界农业生产相对发达的国家。尽管巴西的农产品生产总量巨大，且有诸多农产品出口量冠顶全球，但是巴西农产品运销有着多方面的问题，其中尤为明显的是落后的交通基础设施导致大量农产品难以运销到市场。巴西落后的基础设施建设，储存、运销能力的不足，造成了相当大的农产品损耗，成为巴西农产品加工业发展的极大阻碍。同时，与发达国家相比，巴西工业化水平较低、管理方法相对落后，科技研发、产品生产技术有限，本国农产品加工企业无力进行能够获得高附加值的深加工，增值利益大部分被发达国家的跨国公司拿走。巴西得天独厚的农业资源并没有被充分发掘、利用，对巴西农产品运销及加工发展过程中的经验与教训的研究、未来发展方向的追踪是一个十分有意义的课题。

第一节　农产品运销概况

农产品运销，从基本涵义来看，指代的是把农产品从某个生产地转移到特定消费地，以满足消费者需求的一系列活动。农产品运销过程不仅仅指代农产品的运输与销售，另外也包括农产品离开产地后一直到消费者手中为止的各项活动，比如农产品的集货、分级、包装、加工、仓储、运输、销售以及市场资讯的收发等经营活动。因此，农产品运销是一个非常广泛的范畴，既包括仓储、装卸搬运、运输、配送等物流活动，也包括了收购、销售等商流活动，是物流和商流的综合体。

巴西是世界农业生产相对发达的国家，是国际农产品的主要出口国之一，超越美国与欧盟居于世界第三位，其生产的大豆、牛肉、玉米、咖啡、甘蔗、柑橘、酒精等有着良好的国际知名度与市场认可度。世界上重要的农产品生产国和出口国，咖啡、蔗糖、橙汁、酒精、大豆、牛肉和禽肉的出口居世界首位。

尽管巴西的农产品生产总量巨大，且有诸多农产品出口量冠顶全球，但是巴西农产品运销有着多方面的问题，其中尤为明显的是落后的交通基础设施导致大量农产品难以运销到市场。应该说，巴西作为主要的新兴国家之一与“金砖国家”成员，已经成为全球第 6 大经济体和全球粮食供应地，且在 2013 年超越美国成为大豆第一生产国，基础设施建设滞后是巴西农业和经济发展面临的最大问题之一。巴西落后与陈旧的基础设施饱受各方诟病，与不断推进的经济发展严重不相称。

交通基础设施只是巴西农产品运销相对滞后的原因之一，还有其他方面的因素制约农产品运销。首先是农产品生产地与港口之间距离较远。巴西大豆最大生产地是马托格罗索州与南方出口港口桑托斯、帕拉纳瓜及里奥格兰德距离遥远，而这三大港口在 2014 年占到出口量的 62%。资源丰沛的亚马逊流域位于整个国家的西北面，大豆等农作物产区也位于那里，而巴西对外运输的黄金水道则是大西洋，位于这个国家的东部。也就是说，如果要把一车大豆出口到包括中国在内的海外国家，巴西方面需要在自己的国家先走一条对角线，将大豆从西北运输到东部沿海港口。作为其主要的大豆出口目的国的中国，占巴西大豆出口总量的 71%，且主要是依托这三大港口出口。但是由于距离太过遥远，运输成本过高，且缺乏有效的替代方案，巴西大豆的价格相对较高，影响产品的外销。其次是巴西农产品流通过程中的仓储能力有限。目前巴国内仓储能力不到大宗农产品生产要求的一半，进一步加重了交通运输系统的负荷。农产品仓储能力是一个国家农产品生产及销售的重要保证，也是一个国家农产品运销能力的外在表现，更是一个国家农业可持续发展的有力依托。由于投资程度的严重不足，巴西农产品仓储水平相对较低，在建仓库较为有限，影响到农产品的中转与运输。再次是运输调度方面的问题。私营领域对货车调度的阻力问题在巴西农产品运销中较为严重。货车到港口终端调度计划是政府对付物流瓶颈的对策，不过收获季度开始后已经发生过多起没有登记的货车排长队等待事件，这在巴西屡见不鲜。在农业部门与交通部门以及私营生产者与政府公共部门之间存在着不同性质与各样类型的利益博弈关系，农产品在码头及港口的排队现象是这种博弈的一大结果，且港口码头的设备严重老化，存在着日益凸显的超负荷运载问题。如圣保罗州的桑托斯港仍然是中西部粮食产品的主要集散港口，帕拉那州的帕拉那瓜港同样集中大批等待装卸的货物……巴西港口系统的瓶颈问题极其严重。最后是过于单一的物流系统。目前巴西农产品运销的挑战就是要发展一个更加综合的物流系统，避免过度依赖公路运输。而现实情况是巴西的大豆运输都通过公路进行运输，其他农产品如牛肉、柑橘等主要也是依托公路运输。

基于发展相对缓慢且逐渐制约农产品外销的物流体系，巴西政府着手采取措施进行运销方面的相应改进。首先加强交通基础设施建设。罗塞夫总统执政时期公布了一个吸引 330 亿美元私人资本用于公路铁路和其他交通设施建设的计划。根据一项对巴西 126 个大公司（此 126 个公司对巴西全国 GDP 贡献率为 25%）的调查结果可知，降低运费的最佳选择是铁路。目前巴西铁路线总长 29 000 公里，甚至比 90 年前还要少，作为改善基础设施建设计划的一部分，巴西政府正投资约 112 亿美元用于修建两条（一条东西向，一条南北向）经过主要农业区的铁路线。但某些初级产品贸易公司分析，这些投资并不能很快到位。新的铁路项目可能需要 5 年或者更长的时间才能上马。为做好铁路建设项目，巴西政府积极采取措施吸引资金投入建路计划。2015 年，国际著名大宗商品和农产品贸易企业嘉吉、邦吉、路易达孚同巴西大豆集团 Amaggi 和物流公司 EDLP 组成的联合体向巴联邦政府提交了长达四千页的招投标意向书，希望赢得马托格罗索州 Sinop 至帕拉州 Miritubа 段铁路项目的建设权。该项目在今年出台的物流投资计划第二轮项目中备受瞩目，被称为“粮食铁路”，全长 930 公里，每年可将三千万吨马托格罗索州生产的大豆和玉米等谷物运往巴西北部港口。项目预计花费 115 亿雷亚尔，建设周期 5 至 7 年。投融资方面，联合体倾向与其他公司共同参股，联合体可以小股东身份参与其中。巴西的公路和铁路建设将采用新的模式，由过去“国营企业一手包办”改为“公私合作经营”的PPP模式，即为国家将公路、铁路建设项目，通过招标方式，授权交给私营企业进行施工和经营管理。同时，巴西还力求摆脱农产品运输的多元化路径选择，其中重要取向是水路运输。水路运输量大且成本最低，理想中的路线就是通过水路将巴西的大豆从内陆产区通过亚马逊河口运到沿海港口，然后进入大西洋。

巴西为改善国内农产品滞销的问题，还积极采取措施扩大农产品的仓储能力。由于长期以来巴西农产品储藏力有限，且国内多雨及公路损毁严重导致运输困难，从而使得农产品物流成本比其他农产品出口国高出很多。联合国粮农组织（FAO）建议，一个国家的仓储能力应该占到全年产量的120%，巴西目前的仓储能力不足80%。为此，巴西政府鼓励生产商在农场建立农产品仓库。政府建议特定农业基础设施信贷资金项下，拨出巨资用于生产商农场仓库建设，农业部建议国家开发银行为生产商的仓库建设设立专项信贷资金。针对头号大豆主产州马托格罗索州粮食仓储能力不足的现状，巴西马托格罗索州大豆和玉米种植户协会（Aprosoja）已经与巴西银行（BAnco do Brazil）一道努力，推动马托格罗索州的粮食仓库建设工作，其中头100个仓库建设项目将得到优先权。

与此同时，巴西还在农产品国内零售等方面做了诸多工作。在巴西，由农业服务公司将分散的农业生产者组织起来，集中向批发商与零售商供货，其主要职能是提供产前、产中及产后的各项服务。如巴西Natural Salads公司将长时间合作的800多户农民组织起来，5 000公顷土地全部种植蔬菜。产前，这个公司分别与各个大型连锁超市集团及农户签订合同，锁定收购品种、价格、质量要求与数量限定等，且向农民提供种子、化肥、农药、信息、贷款等方面的服务。为了保证农户的利益，不管市场价格行情如何，无论供需走势怎样，均会严格按照合同购买全部农产品。同时，为防止过分依赖单一销售渠道而受制于人的不利境地，该公司15%的产品卖给“家乐福公司”，且“家乐福”的最终收购价格必须高于种植、加工及运输成本5%以上，其余产品配送给700

多家各类商家。

为了促进商品农业的发展，除增加对农业投资外，巴西政府还建立了农业和农村经济体系，吸引和刺激私人对农业投资。政府通过信贷政策、集资等手段对农业信贷活动进行宏观调控。巴西的农业贷款包括种植贷款、销售贷款和投资贷款3部分，农场主与农民在农业生产及销售加工的全过程均可获得贷款的支持。联邦政府通过中央银行对农业贷款实施政策调控，对农业贷款实施联邦财政贴息政策。对一些生产规模较小的农户，联邦政府及州政府还实施了农业特别贷款，这种贷款是无息的，主要是为中小农户扩大生产提供支持。另外，巴西政府为了鼓励农产品出口，设立了出口保险基金及出口信贷基金，对于巴西优势出口农产品如大豆、咖啡、烟叶等均可申请保险基金及信贷基金的支持，从而提高这些农产品的国际竞争力。同时，通过农业协会、合作社和各种专业生产组织的供销机构，农民可及时获得良种、化肥、农药及农具的供应。为了稳定农业生产，巴西从20世纪50年代起实行农产品最低保证价格制度，规定农产品的最低价格不得低于生产成本的170%，生产成本随物价指数的变动随时进行调整。

巴西建立了完善的现代农业支持体系，政府为农场主的出口产品提供信贷、贴息和担保：建立出口保障基金、提高产品竞争力基金和出口开发基金等。巴西政府为提高农产品出口竞争力制定了农业基础设施的4年发展规划，对扩大种植面积、推广生产技术和改善产品销售网等逐年作了规划。由于大宗农产品出口被少数大公司垄断，巴西占全国85%的中小农场主联合起来，建立了中小企业出口联营集团，以最大限度保护中小农场主的利益。同时，巴西设立了地方开发银行和特别基金，向从事农产品出口的企业提供融资。巴西是一个农业大国，农产品出口占30%～40%，为了解决由各部委、各地、各部门提供数据不同、不准确、不统一和工作量大、难于与国际贸易规范标准相结合的问题，研制和推广了农业机械贷款购买软件（FINAME）、巴西国际商务关税信息系统（SISCOMEX The Brazilian Foreign Trade Expertise）、巴西大众网银应用与技术（Banking Correspondents）、土地和草原信息管理（GIS System SPRING）、牧业应用软件（PECUARIUS）等多项信息技术，如农业机械贷款购买软件是由巴西发展银行研制推广，为了解决中小企业和农户购买工农业机械和设备问题，同时也为了促进民族工业产品的销售，提高企业竞争力。

第二节　巴西农产品加工

农产品加工是指以粮食、蔬菜、水果、油料、畜禽、水产等农产品为原料的直接加工和再加工成产品的过程，其与种植业、养殖业有机结合在一起。农产品加工是当前农业生产与市场紧密连接的纽带，是农业商品化、农产品市场化的关键环节，其对提高农业生产综合经济效益、推进农业结构化、促进农业生产的良性循环和协调可持续发展具有不可替代的作用。

一、巴西农产品加工概况

巴西是南美洲最大的国家，拥有优质高产良田面积 3.88 亿公顷，牧场面积 2.2 亿公顷。虽然巴西的农业资源得天独厚，但巴西的农产品加工企业发展却相对缓慢，一方面由于基础设施缺乏，储存、运销能力有限，造成相当可观的农产品损耗；另一方面，由于缺乏技术，无力对农产品进行深加工，增值的利益被转移到发达国家。巴西农产品加工领域研究相对薄弱。巴西从事农产品产后贮运、保鲜、加工的科研机构主要分为两大类，一类是大学的科研力量，一类是科研院所。巴西农业科技研究对农业的产前、产中研究较多，而对产后研究较少，其研究力量分散，研究水平相对落后。

截至 2015 年，巴西农产品的产量和出口量均排名世界第一的有：咖啡、酒精、糖、柑橘；农产品出口量世界排名第一的是：大豆、牛肉、鸡肉、烟叶、皮革。油籽和饲料已经替代橘子汁和咖啡成为了巴西最主要的出口农产品。近年来，巴西农产品加工业约占工业生产总值的 15%。

近年来，巴西政府鼓励农产品加工企业发展，各州制定了不同的优惠政策。以生物能源的研发与利用为例，政府对乙醇生产的政策支持主要体现为：第一，政府强制规定乙醇在所有汽油中的含量必须达到20%～25%；第二，对乙醇生产给予大幅减税，以保证乙醇价格低于汽油价格的70%。巴西政府于2004年开始实施“国家生物柴油生产计划”。该计划允许利用多种技术来生产生物柴油，并且提供多项免税优惠。在政府支持政策的推动之下，既可燃烧汽油又可燃烧乙醇的混合燃料汽车产量逐年增长。2007年，混合燃料汽车占巴西汽车销售总量的85%以上，混合燃料汽车达到543万辆，约占全国汽车总量的23%。

目前，巴西农产品加工领域进一步发展所面临的问题主要包括两个方面：首先，2008年金融危机后，全球经济增长放缓，外部经济环境的恶化直接影响了严重依赖国际市场的巴西农业，对于巴西农产品加工、出口企业造成了强烈冲击。以大豆加工业为例，尽管2013年巴西大豆产量创下8 150万吨的历史最高水平，但是加工业的产能利用率却出现下滑。巴西植物油行业协会（Abiove）发布的最新报告显示，由于大豆加工业的闲置产能小幅提高，大豆加工量下滑，2013年巴西大豆加工量将比上年减少100万吨或者2.7个百分点。2013年巴西大豆加工量为3 540万吨，占到目前加工产能的60.3%；作为对比，2012年巴西大豆加工量为3 640万吨，占到了加工产能的63.7%。不仅如此，巴西经济增长放缓，政府财政收入减少，只能通过对部分行业增加税收增加收入，一些农产品加工业恰恰属于政府加收税收的范围内，更加打击了巴西农产品加工业的发展。2012年10月，巴西利亚联邦政府开始实施对饮料行业执行新的税收政策，啤酒行业税收涨到27%，碳酸软饮料涨到了10%。这次增税迫使啤酒行业增加年内投资额，一定程度上阻碍了巴西饮料行业的发展。其次，巴西的农业资源很大程度上控制在一些发达国家的跨国公司手中，农产品加工业创造的增值效益大都流入跨国公司的腰包。以巴西大豆加工业为例，跨国公司在中西部大豆产区拥有大量的仓储设施和大豆压榨厂。ADM、邦基、嘉吉、路易达孚等跨国公司控制着巴西约75%的大豆资源量，获得了大豆供应链上的大部分价值增值，本国农业合作社和农场主仅控制着25%的大豆资源。

二、巴西具有较强竞争力的农产品加工行业

（一）巴西橙汁加工业

巴西是南美最大的甜橙种植园，其加工业已超过美国，成为全球最大的橙汁加工国，圣保罗州是巴西第一大橙子生产基地。巴西橙汁出口量占全球橙汁出口量的50%，其冷冻浓缩橙汁出口占国际冷冻浓缩橙汁市场的80%。巴西善于将资源优势转化为经济优势，在2000/2001年度巴西甜橙总产量为1 448万吨，其中1 081万吨加工成浓缩汁或原汁，加工率为70%以上。

（二）巴西饲料业

巴西饲料业发展迅速，主要原因是初级农产品的利润越来越低，促使生产者从事农产品深加工，以使其增值。混合饲料产量1994年不足2 000万吨，2006年增长至4 700万吨。

（三）巴西鸡肉加工业

2015年巴西鸡肉产量总计1 314万吨，同比增长3.58%，其产量超过中国，成为仅次于美国的世界鸡肉第二大生产国。除国内市场消费量增加外，巴西鸡肉出口也有所增长，为提振巴西鸡肉产业发挥积极作用。2015年，巴西鸡肉出口创历史新高，达430万吨。

（四）新型生物能源

巴西独特的自然条件适宜种植甘蔗和油料作物，可用于提炼乙醇和生物柴油。依托这一农业优势，巴西从20世纪70年代开始绿色能源研发，从甘蔗、大豆、油棕榈等作物中提炼燃料。经过几十年的发展，巴西开发出了以乙醇为核心的产业链，成为世界上开发利用替代能源做得最好的国家之一。巴西目前在甘蔗种植和乙醇提炼技术上均居世界领先地位。巴西不仅是世界生物燃料生产和出口大国（乙醇出口量占全球出

口总量的50%），也是世界上唯一一个在全国范围内不供应纯汽油的国家。巴西消费的燃料中有46%是乙醇等可再生能源，高于全球13%的平均水平。巴西还开发出乙醇燃料汽车，以及用乙醇做燃料的农用飞机。为扩大甘蔗种植面积及乙醇和蔗糖加工能力，目前巴西在建和计划兴建的此类项目多达40个，投资额约30亿美元。在第二代生物燃料研发方面，巴西正在广泛尝试从甘蔗渣、各种植物纤维、秸秆及其他农产品加工废弃物中提取纤维素乙醇的技术，第二代生物燃料乙醇的研发工作正在紧张有序地推进之中。

三、巴西农产品加工业的特点

（1）巴西农产品加工业实施区域专业化生产，形成了农业产业集群。农产品加工业要求企业必须靠近原料产地，以降低生产成本。由于巴西特色的农产品生产区域化的产业布局，巴西农产品加工业也形成了区域专业化生产的特点。就种植业而言，作为巴西经济支柱产业的咖啡，主要分布在圣保罗州、巴拉那州、米纳斯吉拉斯州；糖料作物甘蔗主要分布在东北部沿海低地和圣保罗州等地；柑橘主要产于圣保罗州；粮食作物大豆主要产于西南部的里约格朗德州；经济作物棉花主要分布于圣保罗州、巴拉那州；可可主要产于巴伊亚州。至于畜牧业，养牛业主要分布在圣保罗州、纳斯吉拉斯州；养猪业主要在圣卡塔林纳州；南里约格兰德州的养鸡业发展较好。与此相应，各行业的农产品加工企业便在原材料主产地相互聚集，形成了产业集群。

（2）巴西农产品加工业主要以农工联合企业和农业生产合作社为载体。农工联合企业是把农牧业生产、农产品加工以及制成品的商品交换三者合为一体的“企业生产组合”。巴西农工联合企业的具体经营形式有三种：一是工业资本家购置土地，直接投资从事农业生产，为自己的农业加工企业提供充足的可靠的农产品原料供应。二是扩大土地所有者创办农产品加工企业的数量。土地所有者掌握着由农产品生产到制成品销售的商品转换过程，他们经营的农业企业与自产的农产品原料紧密结合，为自产原料深加工。三是政府机构与本国私人资本或外国跨国公司联合，建立大型农工一体化联合企业。这类农工企业拥有充足的农业资本和现代农业技术装备，集约化程度高，生产力水平也较高，其农产品生产基地与农产品加工业构成一体化生产。巴西的农业合作社是不以营利为目的，向社员提供产、供、销及市场信息一条龙服务的经济联合体，不少合作社已成为集农牧业产品生产、加工、仓储和贸易为一体的大型产业集团，从事蔗糖、酒精、橘汁、咖啡等农产品加工，在农产品加工方面，占有重要地位。

第八章 巴西农业教育、科技创新与推广体系

第一节 巴西职业教育体系

巴西农牧业发展程度较高，在国际上享有盛名。相对于农牧业发展，其职业培育体系较为落后。2001年，巴西15岁以上成人识字率仅为86.4%，人均受教育年限不足五年。为了摆脱低素质劳动力对农业、工业发展的约束，巴西政府积极调整政策，加大对教育的支持力度。

一、巴西职业农民的培育

巴西的职业农民教育，以政府为主导，将理论与实践相结合，设立专业研究机构，并与高校、科研院所合作开展农民的职业培训。

（一）立法保护

20世纪60年代初，巴西政府颁布《教育方针与基础法》，从法律层面保证人人享有平等的受教育权。依据该法，各州设立教育委员会，配合教育工作的展开。

1996年9月12日，巴西议会通过了第14号宪法修正案，再次强调了以巴西联邦政府为主导，自上而下的各级政府对教育工作的责任权限。

（二）巴西职业农民培育体系

1. 组织培训机构

巴西的职业农民培育体系为政府主导型。多个政府部门联合行动，组织职业教育服务机构、巴西农业科学院、农牧推广公司以及高等院校对农民进行职业培训。该体系监管机构为管理委员会，分别由农业部、教育部、人力资源部等多个政府部门联合成立。巴西职业农民培育体系由政府出资，为职业农民的持续培育提供资金上的保障。以职业教育培训机构为主体开展培训活动是巴西职业培训的一大亮点，它服务于巴西社会、经济效益，并为职业教育的发展做出突出贡献。

1991年，国家职业教育服务机构SENAR（National Service for Rural Apprenticeship）成立。它是受国家法律保护的私营教育机构，以企业上缴国家的税收作为开展农民培训工作的资金来源，受到国家管理委员会的统一监管。SENAR的主要目标是开展农村地区的教育培训，促进农村地区教育水平的提高，缩小城乡发展差距。其主要职能如下：

①组织、实施并负责全国农民培训教育活动；

②协助申请培训单位完成培训工作计划的制定和实施；

③建立和传播农村职业培训和农村社会发展计划和项目；

④协调、指导、管理农村职业培训和农村社会发展计划和项目；

⑤支持联邦政府农村职业培训和农村社会发展工作。

巴西农业科学研究院（Embrapa）成立于1973年，是国家下属的研究机构。Embrapa主要负责巴西的科研任务，实行企业制组织模式，注重人力资源的培育。为提高培育人力资源的能力，该机构一方面对基础设施建设进行投资，截至2008年，投资资金约800万美元。另一方面，Embrapa建立较为完善的人力资源管理制度，采取出国学习交流、与国外专家合作交流等方式展开人力资源建设，提高本国科研队伍的专业素养。在技术应用的过程中，为了使农民更加了解新技术及其操作流程，Embrapa组织农民进行短期培训，将农牧业新的技术成果直接传授给农业生产者。

1974年，农牧推广公司（Emater）成立，它隶属于巴西农业部，其工作任务为协助其他单位开展农民培训，全国设有约2 500个推广工作中心，免费为农民和技术人员创办培训班。

2. “员工继续教育计划”

巴西于1995年实行“员工继续教育计划”。1994—2004年，该计划针对农业企业员工、非政府组织成员、工会组织成员以及普通农民开展生产技能培训与职业技能培训，课程的教授主要由科研院校承担，充分发挥其科研、教育、培训三位一体的职能。“员工继续教育计划”培训资金源自雇员税，据统计，2001年，该计划总成本为2.72亿美元，占当年总支出的8.2%。

自实施以来，“员工继续教育计划”取得显著教育成果。首先，巴西农村贫困人口、极端贫困人口数量随着计划的实施不断下降，达到减贫效果。同时，该计划满足受训者对技术、能力、知识的需求，培育了一批专业技术人员，提高了生产效率。

二、巴西工人职业培育

20世纪40年代初，巴西工业化发展速度较快，大规模的集约生产对工人的素质提出了更高的要求，在私营工商业主的要求下，巴西成立了国家工业培训服务中心和国家贸易培训服务中心等培训机构，逐步形成一套校外或非正规的技术教育培育体系。

（一）资金来源

巴西劳工部积极展开“全国工人职业培训计划”。1995—2002年，为顺利开展此项计划，巴西政府约投入10亿美元，1 670万名工人直接受惠。巴西法律规定，各行业雇主需要为其雇工向国家社会福利局、劳工保障基金机制、工人扶持机制每月上缴一定金额用于发放福利金、抚恤金，工人职业培训等。其中，雇主向工人扶持机制缴纳1%的资金直接用于工人职业培训。

（二）巴西职业工人培育机构

1942年，巴西国家工业培训服务中心（SENAI）成立，由全国工人企业培训管理委员会管理，遍布巴西27个州。SENAI每一个分会均有政府劳工部、教育部、企业界代表参加，主要任务是为青少年和成年人提供不同等级的技术培训。这些等级包括工业学徒、中等专业培训、高等教育（技术性研究生教育）。

（三）培训模式

青少年（14～18周岁）通过考试录用后，便可免费在SENAI进行学习。学员在学校集中学习200小时后，采取理论与实践相结合的方式，每周分别在学校和企业学习2～3天。为保护青少年，该计划规定，16岁以下的青少年不能在露天环境工作，只能配合他人完成基础性任务。学员可以在实习企业领取底薪、交通费和伙食费。主要针对成年人职业培训，收取较低费用。SENAI成人培训的专业涉及服装、民用建筑、机械、信息网络等28个领域。对于有一定技术技能，需进一步提高技能或学习新技术的人员，SENAI可以为其提供专业进修的学习内容。进修的时间一般为40～48小时，收取较高费用，这部分费用将由雇主承担。

截止到2007年，巴西SENAI已经拥有600个独立的教育中心和260多个与企业合办的教育中心。目前，巴西校外职业技术教育培训无处不在，逐渐发展成为体制外的终生学习机制。

第二节　巴西农业科研体系

巴西农业科研体系由政府主导，实行联邦、州二级农业研发和创新体系（SNPA），下属机构由农业研究机构、大学以及巴西农业科学研究院（Embrapa）构成。为了保证农业科技创新的经费充足，巴西政府加强投融资制度的改革，通过设立地方开发银行和特别基金，服务于农业研发项目。在具体的资金投入活动中，巴西政策采取联邦政府、州政府两级投入方式。联邦政府资金投入主要用于国际农业科研项目的研究、农业科研院所及科研经费的支出，占联邦政府开支的15%。州政府对农业科研的投入主要用于保证农业新技术的应用，约占各州财政支出的2%。

一、巴西农业科研体系演变

目前，巴西共设有16个农业科研管理机构和100多所涉及科研活动的高校，分布于26个州。巴西农业科研体系的发展演变主要分为以下四个阶段：

（一）伊始阶段（19世纪初至20世纪50年代）

19世纪初期，巴西最早成立的研究机构主要用于研究咖啡与甘蔗的生产，19世纪末，巴西农业科研机构的鼻祖——坎皮那斯农业研究所（IAC）在圣保罗州落成。

20世纪初期，随着第一次世界大战、1929年经济危机和1930年大革命的爆发，巴西政府意识到农业发展的重要性。该政府在一段时间内采取进口替代策略，进口的产品多为生产所需的原材料，从而刺激本国加工销售企业的发展。巴西农业生产活动主要集中于大西洋海岸，种植种类由较为单一的咖啡和甘蔗发展到柑橘、棉花、玉米等产品。在这一时期，一些专业的研究机构成立，包括可可办公室（1931）、蔗糖—酒精研究所（1931）等。总体上，这一时期巴西农业没有凸显自身优势，种植品种较少，不能满足生产消费需求；农业科研体系萌芽，未成体系。

（二）雏形期（20世纪60年代至70年代末）

二战后，巴西政府对国内工业采取高保护支持策略，采取了一段时间的进口替代战略，实行工业化。大量农民从事工业劳动，造成粮食短缺。同时，受到自然环境和技术条件的约束，农业发展进入瓶颈期。巴西政府意识到农牧业在国家发展中的基础性地位，也意识到在自然资源紧缺的情况下，通过技术进步来提高生产率，满足人类基本粮食需求的重要性。巴西政府于1973年建立巴西农牧业研究科学院（Embrapa），为使其摆脱政府的桎梏，该研究机构实行企业制的组织管理模式。

在这一阶段巴西农业科技体系的特点是：大力发展农业科技，在政府的主导下形成农业创新研究机构、农业推广机构的基本组织框架，从政策上支持农业科技的研发。1973年巴西农牧业研究所成立后，巴西政府加大对其的资金投入，在农业基础设施上加大投入力度，培育优秀的人力资源，为其发展创造有利条件。巴西技术合作和农村推广公司（EMBRATER）也在这一时期成立。

（三）调整期（20世纪80年代至90年代末）

20世纪80年代，由于巴西金融危机的影响，依赖政府高补贴机制发展的农业受到通货膨胀的冲击，农业推广规模缩小，农业生产受到影响。但是值得注意的是，政府对巴西农业科学院的投资并没有减少。

这一阶段，巴西政府逐步减少对农业科研机构的控制权，引入市场化机制，企业、普通农户成为广泛参与的主体。1994年，巴西实行“里约计划”，着手市场化改革，减少对国内工业的干预，通过市场尤其是私营部门的力量，增加其对农业科研领域的投资。20世纪90年代末，企业对农业科技领域的投资份额达到25%。

（四）跨越期（21世纪初至今）

巴西初期农业科研活动由政府主导，忽略了市场主体的技术需求，市场需求与技术研发不对等，导致技术成果转化率低，由技术进步带来的效益明显低于研发技术的成本投入。

为了发挥市场的作用，提高市场主体尤其是企业的创新能力，巴西政府通过立法，加强企业与科研机构、高等院校的合作，形成技术供求的对接路径。为调整科技资源配置，巴西政府出台《创新法》，标志着巴西农业科技体系进入完善体系、提升能力的阶段。

2014 年，为减轻研究人员负担，提高技术创新活动效率，巴西科技创新部颁布新的规定，强调了设备进口和合同服务方面管理的柔性化和弹性化。

二、巴西农业科研体系发展战略

在全球化的背景下，巴西政府注重农业科技与国际市场的融合，鼓励本民族的农业技术在全球经济背景下谋求发展，促进科技合作全球化，加快科技成果的转化与实践。为此，巴西农业科技部制定如下发展战略：

（1）立法保护。巴西《科技进步法》规定全国对科技的投入保持每年 5％的增长率。1999 年，巴西对科技的投入占国民生产总值的 1.5％，政府为企业免 1 雷亚尔的税，企业必须为农业技术研发投资 3.3 雷亚尔。为保护本国资源，巴西政府推出《生物安全法》；1998 年，为加强农业技术的成果专业与应用性，巴西政府出台《应用研究和成果转让法》。

（2）制定支持精英研究计划。1996—2002 年，巴西政府为该计划共投入 1.89 亿雷亚尔（按 1994 年汇率换算，1 美元＝1 雷亚尔），在全国共开展了 209 个基础精英研究计划。该计划的实施，为巴西培育了专业化生产人员与研究人员。

（3）鼓励技术出口，制定软件出口计划。2000 年巴西软件出口占全球软件出口 19％。

（4）设立研究机构，推进市场化改革。1973 年巴西政府成立巴西农业科学院，为巴西农业技术的创新做出重大贡献。截止到 2014 年，巴西农业科学研究院分设 15 个中央研究中心，在巴西各地区共设有 47 个研究中心，并在拉丁美洲和非洲设立 3 个国际办事处。同时，以巴西农业科学研究院为核心，形成科研院校、企业、社会个体的合作网络，推进农业技术的合作与创新。21 世纪初，随着市场的不断发展与完善，巴西逐步呈现出农业技术转化效率低，农业技术不满足市场化需求等问题，这为巴西政府敲响警钟，进入市场化改革阶段。

总体而言，巴西农业科技体系的运作采取政府与市场相结合的方式进行。在资金投入以及农业科技领域的发展方向上，巴西政府的作用不可湮灭。但在技术突破上，市场为其指明了方向。政府与市场恰到好处的结合使得巴西联邦、州二级的农业研发和创新体系（SNPA）运作良好，为巴西农、工业的发展做出突出贡献。

第三节　农业技术创新体系

一、农业技术创新机构及发展

巴西农业科学院（Embrapa）是巴西的科研体系中最具代表性的农业技术创新机构之一，旨在提高巴西农业产值和粮食生产能力，从而满足由人口增长造成的粮食需求上涨，并找到巴西多个城市爆发的粮食危机的解决措施。

2014 年，巴西农业科学研究院共有 15 个中央研究中心，根据研究对象的不同，在巴西各地区共设有 47 个研究中心（中西部 14 个、北部 7 个、东北部 8 个、南部 7 个、东南部 10 个、1 个海外实验室），分别与美国、欧洲、中国、韩国建立农业科技联盟，实施 Labex 计划。同时在拉丁美洲和非洲设立 3 个国际办事处。Embrapa 具有庞大的科研团队，拥有在职员工 9 790 人，其中包括研究人员 2 444 人、分析师 2 503人、技术师 1 780 人、助理 3 063 人。截至 1995 年，共推出农业科研成果约 8 000 多项，投资回收率高达 43%。

Embrapa 主要任务是农业技术的研发，满足农民的技术需求。资金来源于政府方投资，即使在政局动荡的时期，政府也未曾减少或撤出对其的投资。经过多年的发展，Embrapa 攻克多项技术难题，尤其是在 Cerrado 实施的热带农业技术，该技术的成功应用，不仅开发了大面积的耕地，提高产量，而且更多的劳动力投入农业生产，提高了土地生产效率，缓解了农村贫困状况。

二、农业技术创新成就

（一）作物牲畜一体化系统

作物牲畜一体化是资源节约型技术开发应用的成功案例，受到了国际范围的研究人员的关注。这项技术优势体现在以下几方面：①改进土壤的物理、化学、生物特性；降低杂草、害虫、疾病的发生率。②获得更高的农作物和动物产品的生产率。作物畜牧一体化系统能够改进牧草质量，减少由于牧场动物的生理活动产生的沼气数量。该系统的实施导致种植规模的扩大，生物多样性的提高，在一定程度上降低了生产风险。

在巴西科拉多地区采用作物牲畜一体化系统，已在以下几方面取得成效：①和原始科拉多相比，目前科拉多土地有机物含量增加了15%；②在玉米—大豆轮作系统中，磷元素的含量增至90%；③单一大豆种植时大豆产量与大豆—牧草轮作模式下大豆产量相比，后者比前者产量增长10%；④和传统的田园式牛肉系统相比，采取放牧方式养殖的牛的生产率是传统牛养殖系统下的3～4倍。

（二）免耕技术

20世纪40年代，阔叶杂草除草剂2,4－D的问世标志着免耕技术开始被采用。免耕技术与传统土壤耕作技术相反，该技术不对土壤进行耕翻作业，而是通过在土地表层覆盖落叶或其他植物叶片，减轻水蚀作用，营造适于蚯蚓的生存环境。通过蚯蚓的运动提高土壤的渗水能力，同时通过蚯蚓对土壤内残渣的消化，提高土壤有机养分。在巴西，免耕技术不仅应用于大田作物，蔬菜作物以及烟草也采用该技术进行生产。在巴西热带农业种植区，尤其是科拉多地区采用该技术，为热带农业发展做出贡献。

（三）转基因技术

巴西是重要的转基因作物种植大国，自2003年6月巴西政府批准美国相关生物技术公司研发的转基因黄豆在巴西栽种以来，转基因作物栽种面积不断扩大。2013 年巴西栽种转基因黄豆、玉米、棉花等农作物的农田面积已达 4 030 万公顷（占巴西耕地面积的 54%），仅次于美国的 7 020 万公顷，列世界第二位。

至 2012 年 7 月，巴西获得批准进行商业化生产的转基因棉花、大豆、玉米品种共 33 个，其中，棉花品种 9 个，大豆品种 5 个，玉米品种 19 个。在 2012—2013 年由巴西开发的第一个转基因作物，注册名为 Cultivance Technology，于 2012—2013 年投入市场。该转基因大豆在生长的第一周便可控制杂草的生长，同时可以保持较长时间控制杂草生长的活性，克服传统大豆在生长过程中杂草难以治理的情况，降低大豆生产过程中劳动力的投入，缩减生产成本。抗咪唑啉酮类除草剂大豆由巴斯夫公司和巴西农业科学院（Embrapa）共同开发，Embrapa 承诺该转基因大豆可以食用，同时还会对使用者进行规范的培训。

2012 年，巴西建成全球最大的基因库，用于存储种子和粮食基因。巴西政府计划将亚洲粮食基因引入巴西，培育出抗病力更强的品种。

第四节　巴西农业技术推广体系

一、推广体系基本情况

人口的激增与粮食需求的巨大压力，使得巴西政府意识到农业生产的提高不能只依靠种植面积的扩大。依靠技术进步，加快技术成果转化才是提高土地生产率、粮食生产率的重要途径。为此，巴西政府采取多样的手段和方式发展农业科研体系与农业技术推广体系，各类机构在政府的组织和号召中相互合作，与其他部门机构、科研院所、私人企业、合作社等机构紧密联系。1991 年，巴西全国共成立 11 800 多个农业科研推广站，为全国农业技术成果转化提供服务。

巴西农业技术推广体系的主要模式为半公益型，即政府推广机构实行有偿与无偿相结合方式提供农业科技推广服务。这是由于国家财政不能满足农业推广服务产生的资金消耗，因而农业技术推广体系开展一定有偿服务。

二、巴西农业科技推广体系有机构成

巴西农业技术推广体系较为庞大，推广组织分别隶属于政府、私人企业以及合作社。

（一）巴西全国农业科技推广服务体系

为在全国范围内推广农业技术成果，巴西形成了一整套农业科技推广服务体系。1964 年巴西农业委员会成立，负责协调巴西国内技术推广工作。1966 年，巴西全国农业科技推广服务体系的组织机构在全国已有 709 个办事机构，参与推广活动的农业技术专家达 1 718 人，重点负责 1 177 个市镇的技术指导。20 世纪 70 年代后，巴西农业科学院和农牧业技术推广公司成立，巴西技术推广工作得到快速的展开。70 年代中期，全国农科推广服务体系已在各地设立了 1 817 个办事处，8 397 名技术专家承担了 2 919 个市镇的农业技术推广指导工作。在国家农业技术推广机构的带领下，巴西各州纷纷建立农牧业推广公司和农业试验推广站，形成由中央到地方的农业技术推广服务体系。

（二）州级农牧业研究和推广机构

与国家级农牧业技术推广组织相对应的是州级农牧业推广试验站。在全国研究机构的指导及联邦、州二级农牧业研究和推广机构的相互配合下，巴西能够顺利开展指定区域的重点研究及推广项目，解决本地区农牧业生产及技术转化中的紧迫问题。州级农牧业研究和推广机构与各州农业局联系紧密，配合默契，受到巴西农业科学院及各州农业秘书处的资助。20 世纪 80 年代初，巴西在全国已经建立 14 个州级农牧业研究机构和 15 个州级农业试验推广站。

（三）巴西农牧业技术推广公司

1974 年，巴西农牧业技术推广公司成立，隶属于农业部，负责全国的农业技术成果转化及推广工作。截至 2008 年，巴西农牧业技术推广公司拥有 2.3 万名职工，其中，技术人员 1.3 万名。该公司总部位于巴西利亚，2008 年，全国已设有办事处 2 500 余个。其主要任务是将农业、牧业技术成果进行转化，传授给农牧业生产者。其推广的主要技术来源于巴西农业科学研究院，少数来自于科研院所。巴西技术推广的方式除了地方农业技术推广站的工作人员直接将技术传授给生产者之外，还组织短期技术培训以及发放技术宣传册等。

（四）私人企业和合作社系统的农业科技推广体系

作为农业技术推广的辅助力量，私人企业和合作社系统也都建立了配套的推广服务体系。私人企业在从事良种和畜种的研究培育、生产和加工技术推广以及推动现代化投入物的使用方面取得了良好的效益。2008 年，巴西已建立合作社 4 000 多个，涉及成员 4 000 多万户，在推动产供销一体化的过程中发挥了积极的作用。合作社除去为农民提供基本的包装、仓储、运输等服务外，还提供生产技术、市场信息、技术培训等服务。

第五节　重大农业研究计划

一、国家乙醇燃料计划

（一）国家乙醇燃料计划的历史背景

巴西是世界上最大的甘蔗生产国，1929 年经济危机时，巴西开始使用甘蔗作为生产原料，进行乙醇燃料的开发。1931 年，为了稳定蔗糖价格，巴西成立蔗糖和酒精研究所。当蔗糖价格过低时，加大蔗糖用于生产酒精的份额，从而维持蔗糖生产的稳定；当蔗糖价格较高时，少部分蔗糖用于生产酒精，获得更大的经济效益。第二次世界大战期间，石油紧缺，乙醇燃料发挥了重要作用。为满足燃料自给，巴西政府于 1975 年全面推行《燃料酒精计划》。

（二）国家乙醇燃料计划的实施

自巴西蔗糖和酒精研究所成立之后，巴西政府强制要求在全国范围内，使用的汽油中必须添加5%的酒精。1975年，“国家乙醇燃料计划”的实施一方面满足了巴西能源的自给，另一方面促进了巴西甘蔗生产加工产业的发展。

“国家乙醇燃料计划”的发展分为四个阶段：第一个阶段为1975—1979年。在这一阶段政府决定利用甘蔗生产乙醇，并与汽油混合。第二个阶段为1979—1989年。该计划在这一阶段达到巅峰，政府出台一系列政策支持乙醇燃料的发展。但是在1979年第二次石油危机时，燃料乙醇的供给减少。第三阶段为1989—2000年。在这一阶段巴西政府减少对乙醇燃料的控制权，降低政府干预程度。第四个阶段为2000年发展至今，乙醇燃料市场的复苏以及乙醇燃料汽车的普及，为乙醇燃料计划的再次发展提供契机。

“国家乙醇燃料计划”有两个明确的目标：一是将酒精掺入汽油中，制成乙醇燃料，在全国范围内投入使用；二是发展适用于乙醇燃料的机动车，将轻型车改装为乙醇燃料车。截止到2004年，巴西共有轻型乙醇燃料车1 800万余辆，每年消耗燃料275亿升，其中160亿升为A级汽油，余下为含水酒精和无水酒精。在巴西的加油站内，已不出售纯汽油燃料，并且，巴西已经形成完整的乙醇燃料产业链。上游生产部门将乙醇加工完成后，乙醇与汽油通过管道运输，与铁路、公路相接，供应31 979个加油站。

“国家乙醇燃料计划”的实施带动了蔗糖产业的发展，一批从事蔗糖生产的企业形成。以巴西蔗糖—酒精企业（Santa Elisa）为例，其区位选择近原料产地，以该企业为圆心，半径20千米范围内全部为加工所需的甘蔗原料，面积约为70 000公顷，涉及300多农户。Santa Elisa全年加工甘蔗550万吨，日处理甘蔗3.2万吨。2003—2004年收获季节中，巴西生产加工甘蔗3.58亿吨，相当于4.298亿桶石油。蔗糖—酒精企业每两周召开一次研讨会，与农民共同商定甘蔗的收购价格。该企业的建立，为甘蔗的销售拓宽了渠道，稳定了蔗糖的价格。

同时，在发展乙醇燃料产业的过程中，巴西利用甘蔗生产工艺，实行蔗糖—酒精—热电联产，开展综合利用。甘蔗经过加工处理后，其产物由甘蔗汁和蔗渣两部分组成，二者产出比为 1∶2。蔗汁主要用于生产蔗糖和酒精，蔗渣主要用来发电供热，从而形成蔗糖—酒精—热电联产的综合利用体系。

（三）巴西“国家乙醇燃料计划”的效益分析

1. 经济效益

巴西“国家乙醇燃料计划”的实施，一方面满足了本国燃料资源供给，减少石油进口，使得巴西每年节约外汇 22 亿美元。1975—2003 年，乙醇燃料的大规模投入使用共节省了 550 亿美元外汇，加上利息约 1 180 亿美元，相当于巴西长期外债 1 875 亿美元的 62%。另一方面，巴西“国家乙醇燃料计划”的实施稳定了甘蔗的生产与销售，促进农民增收。

2. 社会效益

巴西“国家乙醇燃料计划”带动甘蔗生产加工产业的发展，随着蔗糖—酒精生产加工企业的数量的增加，为巴西带来 100 万个直接就业岗位。巴西共有 320 个蔗糖—酒精加工企业，主要分布在中部、北部和东南部，分散在 960 个城市中。这在很大程度上推进了巴西城市化的均等化发展，缩小城市间城市化进程的差异。蔗糖—酒精生产企业的发展还带动了相关领域的经济发展，例如农用机械、加工机械等方面的产业发展。

3. 环境效益

巴西“国家乙醇燃料计划”，用乙醇代替汽油作为燃料，减少了燃烧汽油时的污染物的排放，减少对空气的污染，带来了环境效益。具体体现在以下五个方面：①代替重金属（铅和锰）和 MTBE 汽油添加剂。②使用酒精可以减少二氧化硫的排放，减少酸雨危害。③酒精具有简单的分子结构，燃烧后可减少汽车尾气中颗粒，净化大气环境。④减少一氧化碳和碳氢化合物的排放。⑤减少温室气体二氧化碳排放量。每吨用于生产酒精的甘蔗，光合作用吸收二氧化碳的量，减去酒精生产和酒精燃烧放出的二氧化碳，能净减少 0.17～0.25 吨的二氧化碳排放量。

二、生物柴油计划

（一）生物柴油计划实施背景

20 世纪 70 年代，巴西就展开了植物油制备燃料的研究，但是由于当时石油及其衍生品价格较低，市场份额较小，不足以纳入国家能源的范围内，生物柴油领域的研发一直处于空白状态。2003 年，联邦政府组织生物柴油生产和使用的可行性调查，并组织专家座谈会讨论发展生物柴油的必要性，这为随后生物柴油的发展奠定了理论基础。另一方面，“国家乙醇燃料计划”的顺利实施，巴西政府已掌握一定经验，这驱使巴西政府进一步展开生物柴油的研发。2004 年底，巴西政府正式启动生物柴油计划（PNPB）。

（二）生物柴油计划主要目标

生物柴油计划的主要目标可以概括为以下三个方面：一是通过开发生物柴油减少柴油的进口，节约外汇；生物柴油产业链的发展，为农民提供就业岗位，促进农民增收。二是农民收入的增加有利于缩小贫富差距，缓解社会等级冲突，维护社会的和平与稳定。三是生物柴油为清洁能源，能够减少燃烧柴油释放的空气污染物，为保护环境做出贡献。

（三）生物柴油计划的实施

1. 政府推动生物柴油计划的实施

巴西政府通过“社会燃料许可”的认证机制。生物柴油生产商若想获得减税优惠，必须向农业发展部申请“社会燃料许可”的认证。这一认证的隐性含义是生产者在生产生物石油时必须遵守社会准则并承担社会责任。

为解决巴西大量失地农民的就业问题，缓解社会冲突，巴西政府通过税收政策将技术和资金引入这些矛盾严重的地区。2005 年 5 月 18 日，联邦政府出台法律，内容为：生物柴油生产者若使用北部的棕榈油以及东北和半干旱地区的蓖麻投入生产，只要原料来自家庭农场，就可以百分之百减免 PIS/PASEP 和 COFINS 税，只收取货物和服务流转税（ICMS）。使用这些地区其他类型的原料，最多能够减免 31%的联邦特许税。另一方面，巴西政府规定生产生物柴油的总税收不得超过传统柴油的税收，这也在政策上为生物柴油的生产创造了便利条件。

2005 年 1 月 13 日巴西公布了第 11097 号法令，规定巴西燃料油须添加一定比例的生物柴油。从 2008 年 1 月开始，要求柴油中生物柴油的组成比例为 2%（即 B2 柴油），到 2013 年 1 月，这一比例将强制提高到 5%（B5 柴油）。

2. 市场对生物柴油计划的推动作用

市场推动生物柴油计划的一大亮点是反向拍卖模式。巴西政府认为，在市场经济发展不健全的情况下，盲目地遵从市场定价是不理性的。为了降低成本和减轻市场定价的不均衡性，政府采取反向拍卖模式。反向拍卖不仅可以降低采购成本、管理费用，还可以在一定程度上促使供应商整体水平的提高。

巴西政府着眼世界市场。为了刺激国际市场对生物柴油的需求，巴西和美国共同建立“国际生物燃料论坛”。该论坛旨在将生物燃料生产商、销售商以及需求者联系在一起，能够借助“国际生物燃料论坛”进行沟通，获得供求信息，从而借助国际市场推动巴西生物柴油计划的实施。

（四）生物柴油计划成效

虽然生物柴油计划实施时间较晚，但是在政府的有力作用下，巴西生物柴油计划取得一定成就。

据 2007 年 5 月的统计数据，巴西共有 27 家工厂获得 ANP 许可，总生产力约为每年 12×10^8 升，足以满足 B2 柴油规定的需求量。此外，还有几十家生物柴油制造商正在申请或者即将获得许可。从 2005 年底迄今，ANP 共举办了 5 次反向拍卖，其中共有 24 家工厂胜出，总计成交量 8.85×10^8 升，生物柴油每升成交价格介于 1.74 和 1.91 雷亚尔之间。此外，该计划也为社会提供了将近 21 万个就业机会。

以供求为基础采取的激励政策，不仅能够提高生物柴油的产量，获得一定程度的社会、经济、环境效益，同时将减少贫困人口数量纳入该计划的目标中，凸显“生物柴油计划”对推动巴西城镇化进程的重要作用。

三、全球农业科技战略技术计划（Labex）

巴西农业科学院为打开国际市场，创立海外实验室，谋求全球化合作。通过全球先进设备的共享，形成国际合作，这个计划也被称为全球农业科技战略技术计划（Labex）。美国、法国、加纳、韩国、中国分别于 1998 年、2002 年、2006 年、2009 年、2012 年与 EMBRAPA 合作建立国外实验室（非真实实体实验室——Labex），日本也将建成。从长期来看，巴西将与荷兰、英格兰达成合作协议。通过此计划，巴西农业科学院可以与国际合作，吸取并借鉴国外科研成果，与国外科学家共同工作，建立长期合作。同时，该计划有利于解决当前巴西农业发展仍存在的问题，帮助发展中国家与饥饿作斗争，实现减贫目标。

第九章
巴西农业科技进展及趋势

第一节　农业科技发展趋势与特点

一、农业科技发展趋势

巴西农产品资源丰富，为世界上重要的农产品生产国和出口国，咖啡、蔗糖、橙汁、酒精、大豆、牛肉和禽肉的出口均居世界首位。巴西的农业科技创新体系不断发展完善，近年来，巴西农业自主创新能力不断增强，农业生产率得以大幅提高，有效支撑了产业发展，不断推动扩大对外农业合作，培养了一批又一批实力雄厚的农业科技人才队伍。短时间内取得了世界瞩目的成绩。

巴西农业科技体系由公共机构、大学、公司和非政府组织构成，并逐渐建立了联邦和州二级的农业研发和创新体系（SNPA）。通过不断改革和调整，逐步形成以立法促进科技创新，以法律保障农业科技投入，适时发起具有前瞻性的大型科技活动，鼓励科研与企业结合，强调绩效评估，并充分利用国内外资源，重视人才技术引进战略等明确的发展方向。

二、农业科技发展特点

（一）科技创新、技术推广、支撑措施相结合

在科技创新方面巴西一向非常注重，始终贯彻以科技振兴农业的方针政策，一大批科技含量高和附加值高的农作物品种和产业得到大力发

展。不仅如此，巴西对科技成果的转化及推广也很重视，这些技术被很快运用到粗放生产方式的改变和农业生产水平的提高上。政府的鼓励措施与之相结合，以制定区域性规划方式引导调整当地农户的生产方式，鼓励引进和采用经济价值高的农作物优良品种，使农业生产取得最佳的效益。

（二）协同生态环境，力求可持续发展

巴西政府在力求科技兴农的同时，对自然资源和生态环境的保护同样十分重视。政府会分析国内农业资源种类及分布特点，把握不同作物的适宜种植环境，据此全面统一部署资源的开发利用，并尽可能保证各区域作物品种的多样性，为了保护这些区域内的珍稀资源，同时还设有资源保护区。政府还鼓励农民种植果树和经济林木，这样既能大力推行植树造林，又能保护植被和防止水土流失，更体现了农业协同环境的良性发展，还可以增加农民收入。

第二节　农业科研重点

一、农业科研重点领域

（一）资源集约化

巴西注重农牧副产品的开发利用，减少资源浪费。巴西养殖场的动物粪便和垃圾集中处理能力很强，将其用来发电变废为宝，改善周围环境。巴西是甘蔗生产大国，甘蔗渣资源丰富，为减少浪费，近年来在大力推广甘蔗渣焚烧发电技术。巴西相关统计资料称，国内生物发电原料有80%来自甘蔗渣，2012年甘蔗渣发电量占到全国电力消费总量的2%。

（二）发展绿色农业

巴西生物燃料技术位居世界前列。巴西在研究用乙醇燃料来代替石油方面起步很早。巴西还施行生物柴油计划，这受益于大部分地区都适宜种植大豆、油棕榈等油料作物，此计划与帮扶农业生产者脱贫致富相

结合，生物柴油公司会与生产者签订合同，前者收购油料作物产品，农户还可以得到公司提供的种子和生产工具等。为了保证农业经济的可持续发展，巴西还在国内实行生物燃料“生态证书”制度，以评估生物能源的发展可能给环境和粮食生产带来的冲击。2010年，巴西政府出台了《低碳排放农业计划》，通过为农民提供长期低息信贷鼓励其采用轮作、免耕直播、生物固氮和农林牧一体化等先进生产方式来减少碳排放。钼的应用在甘蔗种植上取得了长远成功，其不仅能提高甘蔗产量，还可减少一半的化肥使用量。

（三）病虫害生物防治

1973年成立的巴西农牧业研究公司是巴西农业部的直属单位，作为发展中国家规模最大的农业科研机构之一，其肩负着巴西全国农业科研和技术推广工作的重任。本着生态农业的技术政策，该机构在全国范围内设立了3 000多个技术推广站，推广例如以虫治虫、以菌治虫的虫害生物防治技术，大大减少了防治害虫农药的使用量。

（四）品种改良和繁育

巴西大豆产量在世界上名列前茅，这得益于品种的不断改良。作为世界上第一个低纬度地区试种大豆的热带国家，早在20世纪70年代，巴西大豆年产量仅为150万吨左右，经过多年努力，大豆的单产从每公顷1 000千克提高到2 800千克，并培育出了16个适合赤道地区生长的新品种。目前，巴西大豆种植有了地域性变化，特别是稀树草原地区，大豆产量能够达到2 500吨左右。巴西根据本国气候与土壤条件培育出小麦新品种，单产大幅度提高，减少了对进口小麦的依赖。科学家们还培育成了胡萝卜、马铃薯、甘蔗良种以满足市场的需要。

二、农业科研发展举措

（一）农业支持与科技创新法案

巴西自1966年就开始实施最低保障价格政策（PGPM），是巴西重要的支农措施之一，生产者的收入即使在市场价格下跌时也能得到有效保障。另外，巴西还建立了覆盖范围广泛的农业保险体系，这一体系确保在农业活动受到不利气候等影响时，生产者可以获得一定补偿，有效稳定农业收入和就业。巴西从 20 世纪 70 年代开始向工农产业协调发展过渡。80 年代中期开始实行对农业的直接补贴，一方面保障农民收入水平，另一方面缓解政府财政压力，逐步形成了以价格支持为主导的农业政策框架。巴西法律规定国家银行需根据农户上一年的产值及种植面积情况来发放低于市场利率的贷款。巴西对于农业科技的投入也是不遗余力，《科技进步法》规定国家在科技经费上的投入要保持每年 5%的增长率。2010 年巴西在农业上的科技投入占到全国 GDP 的 1.61%。2014 年，巴西又公布了“国家知识平台计划”草案，估计每年投入资金 20 亿美元，涉及包括农业领域在内的 3 个重点领域，主要用于资助开展畜牧养殖和气候变化的研究。

（二）实施农业科技全球战略

巴西针对本国的农业科技需求和其他国家的技术优势，与其他国家合作成立联合实验室和联络办事处，使国际国内资源得到有效协调利用。抓住美国在遗传资源、纳米技术和食品安全方面的优势与其展开合作；利用法国在农业经济、自然资源和食品技术方面的优势与其开展合作；与荷兰的合作内容主要集中在生物技术和环境等方面；非洲有丰富的动植物种质资源，侧重这一点展开合作，并拓展到农业可持续发展、生物防治和水果保鲜等领域；在亚洲则开展种质资源、生物质能源开发和生物技术方面的合作。

（三）鼓励产学研结合

巴西政府一直积极主动与企业展开合作，以促进高新科技成果迅速转化到实际应用中去，并有效完善风险投资机制。国有科研机构中实施大力度的机制改革，如施行绩效评估机制，放宽科研机构在经费、立项管理以及人员聘用上的自主权，鼓励其积极联合产业。同时，巴西国内主要银行在农业发展上也加大了资金支持。

（四）注重引进农业技术与人才

巴西长期以来非常注重引进和培养高科技人才，尤其在关键科技领域，这一举措对解决农业科技瓶颈问题起到关键作用。例如，巴西从日本和以色列引进了农业灌溉技术，以及相关人才和资金，用来支持开拓稀树草原及解决干旱、半干旱地区的农业灌溉问题，使干旱、半干旱地区水浇地面积迅速扩大，为巴西东北部建立农产品深加工企业和出口基地打下坚实的基础。

第三节　种植业科技进展

一、育种技术

巴西政府非常重视大豆科学研究，在巴西巴拉那州专门建立大豆科研机构——巴西农牧研究院大豆研究中心，主要以大豆新品种改良、实用栽培新技术和生物技术为研究方向。巴西属典型的热带雨林气候，引入的大豆品种不能够很好地适应当地的生产需求，巴西通过品种改良，培育出了100多个高产优质的大豆新品种，例如适合赤道附近生长的大豆新品种，可明显提高大豆单产，从每公顷1 000千克提高到2 800千克。巴西大豆种植过程中面临的一个主要问题是病虫害，在巴西，大豆病虫害种类繁多，主要是茎腐病、孢囊线虫病、灰斑病、根腐病、病毒病等。大豆抗病育种研究发展迅速，通过采用品种间有性杂交育种方法，成功地培育出了抗病虫害的大豆品种，育成的新品种均能同时抗几种病虫。巴西大豆的育种也侧重于工业原料品种的研究，注重大豆蛋白质和油分的含量，培育出了高油高蛋白的品种，蛋白质含量为38.98%～41.5%、油分含量为21.3%～24.24%。还注重了大豆味道的品种选育，培育出品质好、食味性好的一些大粒品种。

巴西是现代栽培棉的起源中心之一，3个四倍体野生种之一的黄褐棉原产于巴西，巴西棉花育种主要培育高产优质、抗多种病害、抗虫的品种。病害主要是花叶病毒病、灰霉病、枯萎病和线虫病，害虫主要是象鼻虫。巴西棉花育种工作起步较晚，但发展很快，每年配制大量组合，通过集团选择和系谱选择育种方法，繁殖至F5代，再进行单株选择和建立株行、株系圃，成功利用远缘种质培育新品种，培育的CNPA 2M，CNPA 3M，CNPA 4M，CNPA 5M，CNPA 6M，CNPA 2MH和BRS 200七个品种含有黄褐棉或海岛棉的种质，培育的MT 701品种比对照品种岱字棉OPAL在产量、品质和抗性上均有明显的改良。彩色棉育种是巴西突出成就，培育出四个彩色棉品种BRS Rubi深棕色，BRS 200棕色，BRS Verde绿色，BRS Safira深棕色，BRS 200棕色已在巴西推广种植，并配有专门的加工和纺织品设备，开始商品化生产。目前巴西自育品种已在全国推广种植，占全国总面积的50%左右。

巴西是世界第一大柑橘生产国，年产柑橘2 400余万吨，所产柑橘主要用于加工橙汁，所以柑橘主要是以可溶性固形物、含酸量和出汁率高的品种，巴西国家柑橘种质资源库收集、保存了来自世界各国的柑橘品种资源1 700株，开展柑橘育种工作，但加工品种的选育进展较慢，加工品种与30年前相比变化不大，主要品种有哈姆林、佩拉、娜塔尔（Natal）和伏令夏橙。后来在伏令夏橙品种中选育出了果汁色泽较深的露德红品种。巴西开展了柑橘无病毒良种苗木繁育体系研究，其中包括病毒脱除、组织培养、无病毒原原种网室以及接穗冷库，可提供无病毒母本树和无病毒良种接穗。

巴西咖啡品种主要有三类，分为大粒咖啡、小粒咖啡和脱壳樱桃咖啡。咖啡年产量是世界第一位，但没有一种巴西咖啡豆称得上是世界顶级的咖啡，巴西咖啡要在质量上取得进步，必须改进生产技术，引进优良品种，通过现代高科技的生物育种技术，培养出优良的巴西咖啡新品种。

巴西甘蔗育种技术主要为巴西蔗糖业发展提供科技支撑，通过改良甘蔗品种，促进巴西蔗糖业的发展战略，将巴西现有的品种采用杂交、轮回选择等育种方法，选育出抗逆性强、产量高、宿根性好的新品种，从而提高甘蔗产量，降低制糖成本，提高竞争力，提高经济效益。在选育甘蔗高产和高品质品种的同时，巴西也注重抗病育种的研究，加强了甘蔗抗病虫性的选育改良。同时巴西实施了生物能源计划，对能源甘蔗的育种非常重视，取得进步性发展，选育成功一批兼用型甘蔗新品种，这些新品种既能制糖，又能直接酿造乙醇。

巴西木薯育种水平很高，达到国际领先水平，特别是自交系选育种技术代表着木薯育种的发展趋势。巴西种质资源丰富，占世界总资源81.6%，拥有木薯近缘种80个，以高淀粉率种质，糖木薯，抗病、矮化木薯，抗寒品系高胡萝卜素和野生种质为主。巴西木薯主要栽培BAR900品种。糖木薯是巴西特有的品种，以产量高、发酵生产酒精时间短、淀粉含量低为特点，平均产量为每公顷48～56吨，发酵生产酒精需9～10小时，还原糖超过30%，氢氰酸含量超低，而且还具有风味独特，营养丰富的特点。

二、生物技术

巴西大豆采用生物技术的研究，主要包括分子标记、基因克隆、基因转移和新基因标记、定位方面的研究。巴西农牧业研究院开展了转基因大豆新品种的培育研究，并与德国巴斯夫公司合作，经过多年的试验和研究，成功培育出巴西第一个转基因大豆新品种。这种转基因大豆含有植物拟南芥的AHAS基因，可以抗广泛使用的咪唑啉酮类除草剂，新转基因大豆品种可适合在不同土壤和气候条件下种植。近年来，巴西转基因大豆技术采用率不断增加，现已成为世界上第二大使用这种技术的国家，而且转基因大豆种植面积不断扩大，根据国际农业生物技术应用服务组织（ISAAA）的统计，2014—2015年度巴西种植的大豆作物91.9%为转基因品种。

巴西棉花生物技术主要围绕棉花病虫害抗性基因和有关启动子的克隆研究，成立了巴西资源与生物技术中心，收集保存有2 000余份微生物资源，利用DNA改组和噬菌体表面展示技术完成抗病虫基因克隆，利用棉花ESTs、cDNAs差减文库，线虫ESTs文库，基因沉默或过量表达完成抗线虫基因的克隆，提高植物抗性、降低线虫的致病力。在克隆Bt基因的研究中，通过DNA重组及噬菌体表面展示技术，获得了 Gry 8 一个 Bt 毒蛋白基因，分离到棉花的新启动子 uceA1.7。Cry 8 基因的部分变异体对棉铃象鼻虫的致死性可达 80%，部分变异体对草地黏虫的致死性接近 70 %。同时还构建了棉花根癌线虫抗感品种的 ESTs 文库，并在根癌线虫的蛋白组学研究方面取得了一定进展。

柑橘生物技术特别是细胞和组织培养技术的发展大大加快了柑橘育种的步伐，柑橘转基因技术也应用柑橘育种多年，目前尚未有品系和品种育成，但是生物技术的应用已经显示出巨大的威力。巴西也积极开展柑橘基因合作交流，2003 年巴西发起并参与了全球柑橘基因组协作网，旨在加强柑橘基因组研究的协作和信息交流，促进品种改良。

巴西农研所对咖啡基因重组研究取得了重大成果。目前已完全弄清咖啡基因排列图，确认大部分的遗传基因的组成。研究课题的完成，使人为改变咖啡质量和增加生产力成为现实。科研人员认为，科研项目的成功，可以改变咖啡的价格、成本、质量和生产力，如可以通过基因重组控制生产，生产强香味、不含咖啡因的产品。确认咖啡的遗传图后，下一步是选择一些遗传片段，根据消费者需要选择性进行生产，可以生产味道好，香味浓，控制咖啡因含量，维生素和矿物质含量高的咖啡豆。

巴西采用了一系列生物技术来提高玉米产量、改善品种。根据 Celeres 咨询公司的生物技术调查报告显示，巴西获得了 19 个转基因玉米品种商业化许可，产量迅速提高。美国农业部发布的数据显示，在过去 10 年时间里，巴西的玉米产量增长 60%，2013 年玉米累计产量达到创纪录的 8 000 万吨。巴西转基因玉米种植面积迅速，由 150 万公顷增至 1 220 万公顷。

巴西加入了国际甘蔗生物技术合作组织（ICSB），不断加大甘蔗生物技术研究，主要开展 QTL 分析、基因转导、基因分离克隆和抗病诊断等研究。完成了由 208 个单剂量（SD）PCRs 和 234 个单剂量 RFLPs、41 个双剂量（DD）RFLPs 和 1 个三剂量（TD）RFLP 组成的 64 个连锁群的集成图。目前，巴西还开展了甘蔗的文库构建和基因的分离克隆等研究工作。

三、栽培技术

巴西大豆主要种植在红土壤中，大豆栽培技术采用机械栽培法和免耕法，实行玉米—大豆轮作。巴西政府提倡休耕制，实行玉米—大豆交替种植，提出在种植玉米后的土地，其中只有60%种植大豆，剩余40%的土地休耕。大豆的种植方式一般采用COP型条播机播种方式，播种密度和行距适宜，这样可以不破坏土壤，防止水土流失，同时减少投入，提高土壤有机质含量。在大豆栽培过程中，应用化学除草剂，叶面喷肥，机械收获，提高大豆产量和效益。巴西也开展了大豆栽培生理研究，如光合作用、盐胁迫、根瘤菌、锌毒性、土壤化学性质、全磷量、根际铝毒性、木质化、慢生根瘤菌等研究。

甘蔗高产高糖种植技术主要包括种植新技术和机械化技术。种植新技术主要以免耕直播技术和配方施肥为主，使甘蔗高产、高糖、高效。甘蔗机械化技术是指在甘蔗耕作、种植、管理、收获的各个环节实现了全程机械化操作，大大降低了甘蔗生产成本，提高生产效益。

巴西注重木薯的栽培技术研究。20世纪80年代以前，对木薯的研究主要集中在不同土壤类型下木薯产量效应的研究，以及木薯对水肥的需求规律的研究，推广应用木薯营养诊断技术、施肥新技术和丰产栽培技术。在最佳种植期推广适合本土的种植密度、种植方式以及种茎长度的木薯栽培技术。20世纪80年代以后，巴西加大推广木薯稳产、高产的栽培技术，研究以木薯长期定位施肥、与其他作物间套种技术和木薯植地水土保持为主。

四、其他技术

巴西棉花病虫害防治技术主要是品种的抗性，通过棉花病虫害抗性基因，解决棉花白霉病、炭疽病、蓝病等病害，以及棉铃象鼻虫、棉红铃虫、烟草夜蛾、根结线虫和肾形线虫的危害。防治措施多以生物防治为主，一般不采用化学农药方法，通过饲养害虫的自然天敌如草蛉、赤眼蜂等防治棉花象鼻虫和棉铃虫，目前巴西 90%以上棉田均采用生物防治技术。

甘蔗有害生物防治技术是巴西甘蔗可持续发展的技术支撑和保障，是多项技术的融合，主要包括甘蔗农药防治病虫害和甘蔗化学除草技术，采用专用甘蔗苗圃种植区，种植无病虫、无混杂种苗，可有效地提高甘蔗的产量和糖分。

甘蔗生产燃料乙醇技术。巴西利用甘蔗生产燃料乙醇，提取甘蔗茎中的糖汁，再生产燃料乙醇及其汽油与乙醇混配作动力燃料的技术已广泛使用，并形成了相当大的规模，甘蔗在巴西的能源结构中仅次于石油，占总能源需求的 18%。甘蔗产业主要以糖—燃料乙醇联产的模式生产。

第四节　巴西畜牧业科技进展

近十几年来巴西的畜牧业得到长足发展。肉类出口额由 1990 年的约 6.152 亿美元增长到了 2007 年的约 109.57 亿美元。肉类总产量从 1990 年的 771 万吨增长到 2007 年的 1 890 万吨，年均增长率为 5.4%。其中，牛肉产量在 2007 年达到 705 万吨，已跃居世界第一位，占肉类出口额的 40%。肉羊产量在 2007 年达到 12 万吨。而猪肉产量略有波动，先从 1990 年的 105 万吨增长到 2006 年的 314 万吨，而后 2007 年下降至 248 万吨。奶产品和禽蛋一直处于增长状态，其中奶产量基数较大，增长也比较快；而禽蛋类保持了年均 2.1%的增长。另外，巴西拥有丰富的水资源，水产品养殖业的发展较快。2006 年水产产量约为 85 万吨。

巴西畜牧业的快速发展，与巴西政府对畜牧业科研投入密切相关。巴西政府非常重视依靠科学技术来促进畜牧业发展，对动物品种改良、农业生物技术研究、精细农业和农业机械化等的投入不断增加，努力推广先进适用技术。为了得到适应国际需求的新型、优质、价廉的畜产品，巴西政府致力于对农业科学技术的研发与利用。巴西农牧业研究院就是巴西政府为促进巴西农业科技进步而于1973年创建的。巴西农牧业研究院是发展中国家规模较大的农业科研机构，在巴西拥有40多个研究中心和一定数量的高级农业科研人员。仅2006年一年，巴西农牧业研究院对生物技术研究投入就高达6 000万美元。另外，巴西还拥有3 000多个农业技术推广站，并配有农业技术推广人员两万多人。巴西政府对农业科研支持较大，多个银行设立了支持农业发展专项基金，如巴西东北银行建立了“绿色基金”，巴西银行和巴西发展银行也提供专项资金支持。本书从以下几个方面介绍巴西畜牧业科技的进展。

一、育种技术、重要品种及管理制度

巴西是牛肉的出口大国，肉牛品种较多。但最早巴西并没有牛，所有牛种均是由国外引入。其中，瘤牛品种占现在巴西肉牛的80%，而内洛尔牛、居尔牛、古泽拉特牛均由印度引进瘤牛；两岁公牛体重330～450千克，母牛300千克左右；内洛尔牛数量占瘤牛的50%以上。另外，巴西还从欧洲引进一些品种进行改良，如克利罗、安格斯、海福特、西门塔尔、利木赞、夏洛莱等，改良后品种可乳肉兼用，成年公牛体重500～1 020千克，母牛500～600千克，产奶1 500～2 000千克，屠宰率达60%。此外，巴西还引进婆罗门牛、日本和牛等优良品种进行扩繁。

巴西育种与改良主要围绕着肉牛的早熟性（性成熟和生长性能）、日增重、繁殖性能和带犊能力等性状进行，巴西肉牛改良工作者还重视对肉质性状（肌间脂肪、肌内脂肪、皮下脂肪）的选择。巴西肉牛育种和改良的工作使母牛出栏育肥的生产周期从5年缩短到现在2.5年。另外，巴西政府还重视胚胎移植技术的发展。2001年3月，巴西成功用胚胎细胞培育出第一头克隆牛，标志着巴西的克隆技术已进入世界先进行列。目前巴西的克隆采集中心可储存160万个基因克隆，已成为拉美第一个大型基因克隆库，为巴西畜牧业科技发展打下坚实基础。

巴西奶牛存栏2 322万头，年产生鲜乳3 209万吨，人均乳制品年消费量为169千克。但巴西本地奶牛体格较小，产奶量低，主要从国外引进荷斯坦奶牛，另外还有更赛牛、爱尔夏牛、瑞士褐牛和娟珊牛等。另外还引进一些肉牛品种如海福特、安格斯、夏洛来、圣格鲁迪进行杂交改良。

由于巴西地处热带、亚热带，会导致奶牛繁殖性能和产奶性能降低，巴西非常重视对奶牛这方面育种和改良工作。其中，巴西Zebu（瘤牛吉布）牛养殖协会（ABCZ）重点负责改良牛遗传品质，96%以上的奶牛都采用荷斯坦和Zebu牛进行杂交。这样奶牛适应力强，适宜在热带或亚热带饲养，乳肉兼用，粗放，长寿，产奶期长，饲养成本低。Zebu牛养殖协会拥有大量优良种牛冷冻精液，用于改良巴西牛群，人工授精技术也在规模较大的牧场广泛应用。另外，巴西还从北美、欧洲引进冷冻精液，如美国SBS，进行杂交改良。

巴西的绵羊主要有考力代羊、波尔华斯羊、罗姆尼羊和澳洲美利奴等几个品种。而巴西山羊有克瑞奥露、马柔塔、坎英底、冒贺达、瑞帕梯达、萨能奶山羊和叶根堡奶山羊。

巴西本地有Piau、Nilo和Caruncho等猪种，主要依赖于自然选择，多数仍处于散养或半散养的状态。这些本地猪种在技术水平低的农场饲养，供农场内部消费。另外，巴西还从欧洲和美国引进了一些瘦肉型猪种，如长白猪、大白猪和杜洛克，并由专业猪场进行育种工作，而巴西养猪协会也会制定一些相应的育种计划。

巴西鸡品种有当地的火鸡和几家国际育种公司的品种。肉鸡有哈巴德、爱拨益加、罗斯、皮尔奇、高步、伊沙、爱维因、和谢弗等公司的品种；蛋鸡主要有伊沙、海兰和罗曼等几家公司的品种，而巴西的鸭主要有番鸭等品种。另外，巴西的水产品质较多，主要可分为6大类，即淡水鱼、海水虾、蛤仔类、牡蛎、淡水虾和蛙类。

二、养殖技术

巴西的肉牛养殖模式主要以放牧为主，管理比较精细，并重视草场的改良和实施测土配方施肥。巴西肉牛生产者还自觉执行围栏放牧和以草定畜，有效地避免了当地草场的退化，也实现了粪尿的自然消纳，防止对环境的污染。其中，巴西以一栏饲养100头肉牛的草地围栏放牧为主，在草场内还设有自动饮水设备和补饲槽，为肉牛的饮水和营养补充提供保障。巴西的肉牛主要采用集中育肥方式，其中围栏育肥、半围栏育肥和冬季牧草育肥在巴西是最常见的育肥方式。围栏育肥一般采用栅栏、铁丝网和电围栏等将草场围成一定面积的格栅，肉牛在围栏内饲养，通过高能量、高蛋白饲料进行大群体的集中育肥。在巴西的冬季，肉牛屠宰的前90～120天开始集中进行围栏育肥，整个育肥阶段肉牛的平均日增重可达到1.2～1.8千克。而半围栏育肥是放牧中可育肥出栏的牛群通过在草场加配饲槽，饲喂高蛋白、高能量的饲料使肉牛增肥。这种方式虽然比围栏育肥的成本低，但延长了育肥的时间，降低了育肥阶段的平均日增重（0.6～0.8千克）。还有一种集中育肥方式是冬季放牧育肥，主要集中在巴西的南部。因为来自南方的寒流可能会造成霜害，让草场的牧草不能正常生长，所以该地区肉牛生产者在草场播种抗寒性强的牧草（如裸麦、豆科植物），将其作为肉牛冬季育肥的高蛋白饲料。该育肥方式的肉牛平均日增重达0.6～0.8千克，与半围栏育肥效果一样。

巴西草原广阔，水热条件好，牧草生长好，能满足奶牛的放牧和半舍饲养的需要。但也因草场不同，单位面积可饲养的牛头数不同。另外，为弥补天然牧草的不足，巴西还积极推广饲草饲料种植，如在牛场的周边种植人工草地和饲料作物，其中青饲玉米、青饲高粱、青饲甘蔗等种植较多。从南非引进的多年生弯叶画眉草，因其再生力极强，也大量种植。另外，奶牛在放牧饲养时，还需补饲一些矿物质盐。早在20世纪70年代，巴西生产商就采用未添加矿物质元素的食盐。后来，一些企业根据区域和季节的变化，对矿物质盐的配置进行了一系列的变革。巴西一些大型冷冻浓缩橙汁产业的副产物——柑橘果浆已被广泛用于大多数牧场。在一些规模较大的牧场也使用TMR搅拌设备。而巴西的研究机构EMBRAPA和EPAMIG、大学ESALQ、UNESP和Federal Universities of Vicosa and lavras开展了一系列玉米品种的开发以及青贮生产技术的研究，给奶牛提供了许多优质青贮饲料。

三、疫病防控技术

巴西重视疫病防治，兽医部门和科研机构在各地区均设有兽医诊断实验室和研究所。这些兽医诊断实验室和研究所隶属于农业部的农牧业技术推广公司，向该地区的畜牧业生产者提供相应的技术服务和指导生产。巴西过去也发生过布鲁菌病、口蹄疫、牛结核病、炭疽等传染性疾病，相关部门分别采取疫苗预防注射和宰杀病畜的方法，有效地控制了疫情。另外，巴西畜牧业生产者对一些寄生虫病也采取防治措施。

四、加工

巴西市场上的牛奶及奶制品主要有巴氏消毒奶、超高温灭菌牛奶（UHT），还有多种口味的奶粉和奶酪。其中，巴氏法消毒奶又分成 A、B、C 三种。A 类为奶牛场直接加工、消毒和包装的牛奶；B 类为牛奶加工厂消毒和包装的牛奶；C 类为 85%的巴氏消毒奶。

巴西的禽肉生产加工有两大特点，一是禽肉生产特别集中，主要集中在巴西南部四州；另一个特点是禽肉集中度较高，全国绝大部分的禽肉出口集中在几个企业中。而巴西的家禽屠宰采用现代化的流水线，均按进口国的要求进行屠宰，屠宰后经冷冻、包装直接装船运送到进口国。

养猪生产者和联合体或屠宰场组成生产综合体，猪肉生产加工一体化。

五、借鉴及下一步与中国合作的重点领域

第一，良种选育以符合国情和综合效益高为目的，巴西奶牛含有瘤牛吉布基因，有利于适应巴西以放牧为主的粗放管理和亚热带气候高温高湿的特性；含有荷斯坦高产基因，可改善当地乳牛低产的缺陷；通过杂交可使奶牛饲养成本降低，养殖效益高；另外杂交牛产肉性能比较好，对肉牛养殖及牛肉生产有一定的贡献。

第二，积极推广饲草饲料种植产业，巴西畜牧业科学技术发展使农

业生态环境得到改善，通过对优质高产人工饲草基地建设和管理技术、退化草地复壮改良技术、草原家畜杂交改良及高效饲养技术、季节性草畜平衡及草地可持续利用技术等研究开发，使畜牧业经济效益提高，草地资源也得到充分利用与保护，防止生态环境恶化。

第三，巴西奶业管理制度也值得借鉴，不设第三方经营的生鲜乳收购站，不仅使质量安全责任明确，收购前质量安全责任归奶牛养殖者，收购后质量安全归乳品加工企业，不会相互推诿，而且利益分配相对简单，没有第三方获取利润，提高了生产者和加工企业的效益。另外，建议我国生鲜乳及乳制品实施第三方检测。

第四，巴西肉牛育种也值得学习，巴西高度重视本地品种，以提高品种适应性，同时保证品种的适当多样性。我国各地自然条件差异很大，需因地制宜。引入国外良种时应结合本地品种情况，选育适合本地条件的肉牛良种。

第五，学习巴西积极开拓海外市场，减少对某个地区的依赖。扶植各种畜禽业协会和龙头企业的发展，扩大企业规模和辐射能力。

总之，畜牧业科学技术发展促进了畜牧业的标准化、规模化。而集约化养殖技术和水平的提高，大大促进了畜牧业的发展，使其在农业总产值中的比重不断提高，成为衡量一个国家农业经济发展水平的重要标志。与此同时，随着畜牧业发展对饲料的需求加大，饲料作物种植面积不断增加，饲料加工业不断发展。以饲料种植、加工为主要内容的产业逐渐形成，不仅加速了种植业内部结构改造，也带动了农业产业内部结构改变。另外，现代胚胎移植和克隆技术的发展和应用，加速了畜禽良种的选育与繁殖，促进畜牧业快速发展。

第五节　高新技术进展

一、农业生物技术

巴西对生物技术的投入和重视以及不断地创新，是巴西立于农业强国地位的重要支撑。20 世纪以后，巴西对农业科学技术的研究投入日益加大，尤其是在 20 世纪 50 年代后，科技因素已经逐渐渗入到农业生产和加工的各个方面。70 年代以后，巴西政府积极推广世界上先进的农业技术，并制定了农业科技发展计划，农业科技应用范围逐渐扩大，由经济作物覆盖到所有农作物的生产中。目前，巴西农业部下属的巴西农牧业研究院是发展中国家最大的农业科研机构之一，它与“巴西农牧技术推广公司”一起具体负责农业科研和技术推广工作。该公司已经向社会推出上万多项研究成果，在农业经济方面取得了非常好的反响，提高了作物的品质和产量，优化了生产加工过程。当前，巴西农业生物技术、生物工程技术、转基因技术、有机农业技术已经比较成熟并得到了广泛的应用。

巴西于 20 世纪 80 年代中期制定了国家生物技术计划，该计划重点研究转基因技术在作物上的应用，经过不断地研究和探索，已经获得了一大批高产优质，适应能力强的优良品种。目前，巴西成为仅次于美国的第二大转基因作物种植大国，转基因大豆、棉花、玉米已经广泛应用于商业化生产中，其他作物如甘蔗、马铃薯、木瓜等也将逐步走入商业化。到 2013 年，已经有 27 个转基因作物品种批准投入商业化生产，其中有 15 个转基因玉米品种，7 个转基因棉花品种和 5 个转基因大豆品种。从种植转基因作物的性状上看，主要有抗虫性状的、抗除草剂性状的以及抗虫和抗除草剂兼性性状的。巴西也不断地与其他国家合作交流，探索新技术。巴西农牧研究院与美国成立了巴西—美国联合实验室，主攻甘蔗的转基因技术。此外，巴西与荷兰、法国建立联合实验室，共同研究农业科技项目，推进农业食品技术、环境科学技术和动植物科学技术的开发。

巴西在胚胎移植技术方面也处于世界领先水平。2001 年，巴西研究人员首次利用胚胎细胞成功克隆了牛犊。巴西克隆采集中心作为拉美第一个大型的基因克隆库，可储存 160 万个基因克隆。克隆库储存的 DNA 片段可用于基因研究以及高产抗病的转基因作物的开发。在病虫害防治上，研究人员根据害虫的生活特性进行生物防治和药剂防治，广泛采用以虫治虫、以菌治虫的生物技术，减少了化学合成农药的使用量。2000年，巴西正式投产一种新型的可降解的塑料——生物降解塑料，该塑料以蔗糖为主要原料，并掺入某种细菌，使塑料能够快速降解。一般普通塑料完全降解需要200年，而生物降解塑料只需6个月，且降解物质对人类和土壤无毒害作用。

二、农业信息技术

信息技术与传统农业的结合，极大地提高了农业现代化水平。农业技术信息化中的"精准农业"以先进技术和信息为基础，制定出一套符合客观实际的农事操作技术和管理流程，高效地利用各类农业资源，获得经济效益和环境效益，以最小的投入获得最大产出的现代农田精耕细作技术，是当今世界农业发展的新潮流。精准农业技术思想发源于20世纪90年代初的美国，美国最早在两个农场进行GPS（卫星遥感技术）指导施肥的试验，结果发现GPS指导施肥的产量显著高于常规施肥。随后该项技术在美国、加拿大、澳大利亚等多个发达国家得到了广泛的应用。巴西是发展中国家较早开始实验和示范应用这一技术的国家。从20世纪90年代末期开始，巴西在使用信息系统控制和管理土地和农场、根据不同土壤情况进行合理施肥、农产品生产与国际市场实际需求对接、开发和应用人工信息库等方面，都进行了重要的科技尝试和应用。

巴西精准农业技术的试点开始于南部的波姆农场（Hacienda Campo Bom）。2000年巴西启动命名为Aquarius项目（Proyecto Aquarius）的计划，推动了精准农业信息技术在该国的研究、认证和推广。巴西的科研机构在推动精准农业信息技术的发展中发挥了重要作用。在巴西农牧业研究院建有全国农业信息技术农牧业研究中心、卫星监测自然资源中心等，此外巴西联邦圣玛丽娅大学、甘比纳斯大学等也设有农业信息技术中心，成立科研小组，集中研究精准农业信息技术。研究机构开展的研究项目主要涉及地理信息系统领域、农业资源规划领域、气候图像数据领域等。巴西在精准农业技术示范应用和推广过程中，注重从本国国情出发对技术进行适当的改良与开发。如巴西科研人员自己开发研究的土地和草原信息管理（GIS SYSTEM SPRING）、牧业应用软件（PECUA RIUS）等多项信息技术。巴西研究机构对技术进行优化改良，使之更适于巴西本土南部热带农业特点，取得了良好的效果，并带动了本国生产“精准农业”技术的农业机械设备企业的发展。此外，还有一些公司积极研究推广适合本土的一些农业信息技术，其中 Monsanto、John Deere、Massey Ferguson 等公司做出了很大的贡献。

巴西对精准农业技术的推广采用了逐步推进，注重实效的战略。目前在巴西相对成熟的精准农业技术主要是小麦、大豆、玉米等农作物的土壤信息数据、合理施肥等技术，而在对产量的监控方面发展较慢。巴西的精准农业技术能够做到精确播种、精确施肥和精确灌溉，并且能够根据不同的土壤肥力、盈亏情况制定出合理的种植计划和施肥管理计划。为了推广精准农业技术，巴西每年在里奥格兰德州的楠米托克基市举办农展会，研究机构将精准农业新技术成果展示给中小农户，提高他们对使用精准农业技术的兴趣和需求，从而使这些技术从商业性大农场走向中小农户。信息化技术的推广和应用，不仅能够降低农副产品的生产成本，提高各类农业资源的利用效率，而且有益于环境的可持续发展，提高经济效益，增强了巴西农产品的国际竞争力。

三、设施农业技术

设施农业利用现代化农业工程和机械设施，整合农业资源，使农业资源利用最大化，在人为的条件下，为动植物生产提供最适宜的生长条件，从而提高经济效益。在设施农业研究领域中，各国结合本土实际情况探索适合自己的发展模式，总体可以分为三大类：第一是设施农业领域的新技术研究，如环境条件的监控技术、无土栽培技术、产品后处理及深加工技术等。第二是设施农业生产所涉及的机械设备的研究，如自动化播种设备、灌溉施肥机械设备等。第三是设施农业保障技术的研究，如网络信息系统的支持技术。巴西政府非常重视设施农业的建设，投入了大量资金，并采取低息优惠政策，鼓励企业建设仓储、灌溉网络等基础设施，政府还投资 50 亿美元实施“东北部百万公顷灌溉计划”，并优先发展农村交通，以降低农业生产和运输成本。在机械设备方面，巴西的机械自动化程度较高。用于生产的基本机械，如拖拉机、播种机、收割机等的拥有量日益增加，各种小型农业机械设备得到了广泛的使用，各种自动化程度较高的机械设备使用也非常广泛。自动化机械设备的应用大大降低了农民的劳动强度，实现机械化、集约化生产，促进了农场的生产效率。

四、生态农业技术

绿色农业已经成为实现农业可持续发展，保护生态环境的必经之路。绿色生态农业已经成为现代农业发展的趋势，巴西人民为发展绿色农业，实现农业可持续发展，保护生态环境，做了一系列的努力。为了保护生态环境，巴西在全国建立了 5 500 万公顷的资源保护区，并严令禁止开发亚马逊热带雨林。在巴西，生态农业的研究和应用相当广泛。

五、水土资源可持续利用技术

巴西是世界上水资源最丰富的国家之一，但是水资源分布却不平衡，为实现水土资源可持续利用，采取了一系列措施。巴西根据土壤养分、水分、土壤生物及气候条件的不同，实行科学种植，因地制宜，科学合理地利用各种资源。为避免雨水击溅而引起土壤侵蚀、水土流失，巴西采取了地面覆盖一些植被和落叶的措施，不仅能减少土壤侵蚀，还能减少地面总径流量。为降低地表径流的速度，在地表种植一些短寿命的植被，在有径流形成时产生很大的屏障，且能提高粗糙度和水流深度，从而降低径流速度。还有采用梯形阶地、小型贮水池塘、等高耕作和扩大林地面积等措施；此外，作物覆盖免耕直播耕种技术在巴西推行和应用比较广泛，尤其是玉米和大豆的种植，其中大豆的应用面积达到65％。作为一种保护性的耕作技术，作物覆盖免耕直播耕种技术能够有效地减少对土壤成分和结构的损害，这种土壤管理方法也能减少自然生物多样性的危害。

六、大豆生物固氮技术

巴西科研人员对固氮菌研究多年，目前在巴西的应用已经相当成熟。在巴西，全国 8 个研究单位专注于固氮菌的研究，主要任务是研究高固氮能力菌株的固氮机理，探索固氮菌与大豆品种间的亲和性，研究大豆固氮菌的固氮能力以及筛选固氮能力强的菌株。巴西学者还在禾本科植物根部发现了联合固氮细菌，这为固氮菌的研究开拓了新的视野。固氮菌的研究已经获得了一系列的成果，并大面积地应用在生产实践中。生物固氮技术的应用，扩大了氮肥的来源，减少了化肥的施用，不仅降低对土壤的污染还减少生产成本，对改善土壤环境、发展可持续农业具有重要意义。

七、甘蔗综合利用技术

巴西的甘蔗产量居世界第一位。甘蔗生产乙醇的工业处于世界领先地位，是巴西甘蔗综合利用的重大技术项目。甘蔗汁主要生产两种主产品，分别为蔗糖和酒精，副产品是蔗渣。为了提高制糖业的经济效益，降低成本，甘蔗育种一直是一条重要的手段。巴西对国外优质野生种采取“新高贵化”和轮回选择等方法，改良甘蔗品种，培育出一批抗病力、抗逆性、抗不良环境性强的优质品种。巴西以甘蔗为原料生产乙醇汽油的技术应用相当成熟，已经达到世界领先水平。由甘蔗生产的可再生能源具有低碳、清洁、易生产的优点，是车用可再生能源很好的选择。目前，巴西乙醇的产量居世界第一位。在政府的大力支持和推行下，以乙醇为燃料的汽车占到汽车总销量的 96%，汽车企业也相继推出可以完全使用乙醇燃料的轻型汽车，以及使用汽油和乙醇组合使用的弹性燃料汽车。当前在巴西基本不会出售纯汽油燃料。巴西航空公司制造出第一架以乙醇作为燃料的飞机，标志着乙醇作为燃料新能源已经被全面使用。目前，已经有 300 多架小型飞机使用乙醇燃料。此外，蔗渣的用途也比较广泛，可用作饲料、燃料、保温材料和造纸材料。在农业上，蔗渣主要是用来养牛，为了提高蔗渣的吸收效率，研究人员对蔗渣进行高温、高压和膨化处理，破坏蔗渣的粗纤维表皮，使蔗渣更利于牛吸收，提高蔗渣的营养价值。

参 考 文 献

本报驻巴西记者邓国庆，2015. 巴西：科技创新助推农业稳步发展［N］. 科技日报，10－21002.

董亮亮，2014. 金砖国家职业农民培育比较研究［D］. 保定：河北农业大学.

高京平，2008. 巴西“三农”现代化历史进程及其引发的思考［D］. 天津：天津师范大学.

国家体改委赴墨、巴考察团，1996. 巴西、墨西哥农村合作社体制的比较［J］. 经济研究参考（5）.

韩儒博，2013. 创新模式研究及其国际比较［D］. 北京：中共中央党校.

江苏省农委赴巴西智利农业交流合作考察团，2011. 巴、智农业发展及经验借鉴［J］. 江苏农村经济，10：11－13.

蒋和平，宋莉莉，2007. 巴西现代农业建设模式及其借鉴和启示［J］. 科技与经济（4）.

金珊珊，2014. 金砖国家科技创新金融支持体系研究［D］. 大连：东北财经大学.

黎海波，2006. 巴西农机化的重要特征［J］. 现代农业装备（4）.

李红涛，付少平，2009. 巴西现代化中的乡村发展［J］. 巴西现代化中的乡村发展（3）.

李惠安，张祥茂，任俊峰，初雪，1996. 巴西、墨西哥农村合作社考察报告［J］. 农村经营管理（6）.

李逸波，周瑾，赵邦宏，张亮，2015. 金砖国家职业农民培育的经验［J］. 世界农业，01：173－176.

李远，2001. 2000年巴西科技发展综述［J］. 全球科技经济瞭望（4）.

刘钦，孙洪武，2011. 国外农业科技推广体系的分析与借鉴［J］. 广东农业科学，17：225－228.

刘婷，2006. 巴西的土地问题与经济发展［J］. 拉丁美洲研究（2）.

刘晓光，方佳，张慧坚，2008. 世界热带农业科技发展现状及趋势［J］. 农业科技管理（2）.

娄昭，徐忠，张磊，2011. 巴西农业发展特点及经验借鉴 [J]. 世界农业，05：80-82，98.
娄昭，徐忠，张磊，2011. 巴西农业发展的经验 [J]. 世界农业（5）.
马克·玛格丽斯，徐新明，2005. 巴西：充满希望的世界农业大国 [J]. 当代世界，01：39-41.
庞建刚，张贯之，2013. 巴西的农业与农业科技创新体系 [J]. 西南科技大学学报（哲学社会科学版），03：1-4，19.
青先国，2001. 湖南农业科学 [J]. 世界农业（3）.
青先国，2002. 巴西的农业 [J]. 世界农业（1）.
盛浩，2013. 市场经济改革背景下的产业政策调整——印度和巴西的实例 [J]. 东南亚纵横（2）.
师雪茹，陈燕羽，张捷敏，邵媛，2014. 从国外农业科研推广体系探索我国农业科技人才建设的途径 [J]. 中国热带农业，01：66-68.
孙庆杰，2013. 安徽农业科技推广体系存在的问题及对策研究 [D]. 合肥：合肥工业大学.
孙学顺，2007. 巴西农业考察报告 [J]. 河南农业（1）.
汪龙，2014. 我国农业科技推广体系建设的哲学思考 [D]. 合肥：合肥工业大学.
王晶，翟琳，徐明，金轲，2015. 巴西农业科技体制改革发展研究 [J]. 世界农业，10：43-46.
王坤波，郭香墨等，2007. 巴西棉花考察报告 [J]. 中国棉花（5）.
王耀媛，1991. 巴西农业科研推广服务体系的发展与作用 [J]. 世界经济与政治，08：65-71.
无署名文献，2012. 以合作社组织推动巴西农业社会化服务 [J]. 科技致富向导（24）.
吴凡，2012. 巴西农业与农机化 [J]. 当代农机（10）.
吴国平，武小琦，2014. 巴西城市化进程及其启示 [J]. 拉丁美洲研究，02：9-16，79.
徐国庆，2014. 巴西与非洲的农业合作探析 [J]. 西南科技大学学报（哲学社会科学版），06：6-14.
杨光明，江红，孙石，李锁平，2014. 巴西大豆生产与科研现状分析 [J]. 中国食物与营养，12：25-28.
杨瑞珍，2008. 巴西现代农业的发展及其对我国的启示 [J]. 中国农业资源与区划

(5).

佚名，2011. 巴西的职业培训计划［J］. 现代班组，11：47.

佚名，2013. 巴西：合作社以产业化的运作方式从事农业生产［J］. 科技致富向导(22).

于兆兴，楚汉，2006. 巴西科学技术进步原因探析［J］. 拉丁美洲研究，3：56-60，72.

岳德荣，王曙明，郭中校，赵国臣，张永锋，2008. 巴西农业生产与科研推广体系［J］. 农业科技管理，05：5-7.

赵宗峰，赵邦宏，王丽丽，2015. "金砖国家"职业农民培育比较及对中国的启示［J］. 黑龙江畜牧兽医，12：25-27.

赵宗峰，赵邦宏，王丽丽. "金砖国家"职业农民培育支持政策比较及启示［J］. 农民致富之友，2015，09：188-189.

郑风田，2011. 巴西农业为什么创造了奇迹［J］. 农村工作通讯(1).

百度文库，2016. 巴西贸易指南.［J/OL］. http://wenku. baidu. com/link? url=Thg0lee7F_gH4Lx4A1vzdIIRJamrLwDIptspe9hE7QTMzGmf9pLpdVMXIbyYcNIc9s87c4oeQ6yAi-r_MntxEGNmWnaJ-JwkvQwvW6_hri3，2016 年 5 月 25 日访问.

百度文库，2016. 巴西农业发展前景广阔［J/OL］. http://wenku. baidu. com/link? url=4HIvgMA-NYKTnb7qod7fabUg2PlSiu-c1RV66MbtHYeBnQEq-cuD8CGRROZGvGO9SrXDVs0ixTmfzgDwtc-bBMd2Bz8MutLdsXyI43MO2BW.

陈道军，2016. 阿根廷、巴西：阿根廷、巴西农业考察报告［J/OL］. http://www. fs-gcbw. cn/a/jingwailaifeng/2011/0330/5220. html.

创业文库（在线 PPT 讲座），2016. 2015（国外农业社会化服务）1 讲解［M/CD］. http://max. book118. com/html/2016/0403/39512562. shtm.

商务部，2016. 巴西农业合作社出口大幅上涨［J/OL］. http://www. ccpit. org/Contents/Channel_3929/2016/0511/643066/content_643066. htm.

商务部西亚非洲司，2010. 日本-巴西农业合作开发概况及启示［J/OL］. http://www. shandongbusiness. gov. cn/public/html/news/201110/180019. html.

商务部驻巴西使馆经商处，2012. 巴西政府对农业合作组织提供项目资助［EB/OL］. http://www. mofcom. gov. cn/aarticle/i/jyjl/l/201211/20121108414510. html.

世界主要国家林情（巴西），http://lyj. changchun. gov. cn/lyzs/201310/t20131024_1125912. htm.

私油会，2015. 巴西大豆那些事：产量与天气炒作［EB/OL］. http：//futures.jrj. com. cn/2015/12/28104220308143. shtml.

中国粮油信息网，2016. 农业成为巴西衰退经济中的唯一亮点［J/OL］. http：//www. chinagrain. cn/liangyou/2016/4/13/201641310151866154. shtml，2016 年 7 月 5 日访问.

中国农地法律网，2016. 城市化与农村转型——巴西与智利考察报告［J/OL］. http：//www. rurallandlaw. cn/R _ P _ Show2. aspx? News _ PI=4060.

左合余，张传超，2013. 巴西可持续农业发展模式对中国的启示［J］. 工会论坛（1）.

Izaiasde Carvalho Borges，Domestic Support of Agriculture in Brazil［R］. ICTSD 研究报告.

OECD，Agricultural Policy Monitoring and Evaluation 2015. 91.

图书在版编目（CIP）数据

巴西农业 / 张蕙杰，徐宏源，张昭主编 . —北京：
中国农业出版社，2016.12
（发展中的世界农业）
ISBN 978-7-109-21352-4

Ⅰ.①巴… Ⅱ.①张… ②徐… ③张… Ⅲ.①农业经
济发展－研究－巴西 Ⅳ.①F377.73

中国版本图书馆 CIP 数据核字（2015）第 310146 号

中国农业出版社出版
（北京市朝阳区麦子店街 18 号楼）
（邮政编码 100125）
责任编辑 宋会兵 闫保荣 潘洪洋

北京中科印刷有限公司印刷 新华书店北京发行所发行
2016 年 12 月第 1 版 2016 年 12 月北京第 1 次印刷

开本：700mm×1000mm 1/16 印张：9.25
字数：150 千字
定价：38.00 元